KB103512

다른
의료는
가능하다

백영경
지음

백재중
최원영
윤정원
이지은
김창엽
대담

한국 의료의
커먼즈 찾기

다른 의료는 가능하다

창비

다른 의료란 무엇인가
의료라는 커먼즈

의료 공공성에 대한 관심이 그 어느 때보다 뜨겁다. 코로나19 사태를 거치면서 공공병원의 중요성을 절감하게 되기도 했고, 소위 선진국이라는 국가들에서 그동안 공공의료를 축소해온 결과로 벌어진 참상을 목도했기 때문이기도 하다. 거기다 지난여름 코로나19 사태 와중에 정부의 공공의대 도입 방침에 반대하면서 벌어진 전공의 파업과 의대생들의 국가시험 응시 거부 사태는 의료 공공성의 문제를 한국사회의 뜨거운 쟁점으로 부각시켰다.

한국 의료는 좋아지는 중인가

코로나19를 대처하는 데 다른 국가에 비해 상대적으로 성공적인 면모를 보이면서 소위 K-방역의 성가가 올라갔고, 한국 의료에 대해서도 긍정적인 평가가 쏟아지고 있는 중이다. 그러나 실제로 한국 의료를 둘러싼 상황은 전공의 파업 사태에서 상징적으로 드러났듯이 밝다고만 하기 어렵다. 대통령이 나서서 공공의료의 중요성을 강조했지만, 실제로 통과된 내년 예산에는 공공병원 설립을 위한 예산이 전혀 반영되어 있지 않다. 대전, 광주, 울산은 대도시임에도 불구하고 공공병원이 전무하여 코로나19 국면에서 불안감이 컸는데, 앞으로도 빠른 시간 내에 변화가 이루어지기는 어려워 보인다.

공공의대를 설립하여 공공의료를 확충하겠다는 정부는 공공병원 확대 예산은 확보하지 않은 채 포스트 코로나 시대에 대비하기 위한 한국판 뉴딜의 3대 프로젝트와 10대 중점과제 중 하나로 비대면 의료 시범사업의 확대를 밀어붙이고 있다. 몸이 불편한 어르신이나 장애인 등이 병원에 가지 않고도 편하게 진료를 받을 수 있는 방안이라며 대중의 감성에 호소하는 이야기를 듣다보면 감염병 창궐의 시대에 비대면 진료는 반드시 필요한 의료고, 도입에 타성적으로 반대하는 집단들이 문제라는 생각이 들기도 한다. 하지만 실제 환자들이 겪는 어려움이 단지 병원에 찾아가기가 힘들다는 것만은 아니다.

여전히 많은 시민들이 아픈 사람이 되고 나면 치료와 간병에 드는 비용에 허덕이고 생계가 곤란해지며, 병원에서는 짧은 진료 시간과 환자를 배려하지 않는 시스템 속에서 소외를 경험한다. 의사들은 대체로 권위적이며 필요한 설명을 제대로 해주지 않고, 응급 상황에서 갈 수 있는 의료기관의 지역별 차이도 심하다. 의료계는 돈이 되는 질병에만 집중할 뿐 노화와 함께 경험하게 되는 많은 증상들에 무관심하다는 것도 문제로 지적된다. 실제로 병원을 찾아가기 어려운 환자를 위해서라면 왕진의료의 확대나 오랫동안 시범사업만 하고 있는 전국민 주치의제도의 도입 등 여러 대안이 있음에도 불구하고 정부에서는 실제 살아 있는 사람들의 필요보다는 첨단기술 활용을 중심으로 의료산업을 육성하는 방법을 제안하고 있다. 한마디로 시민들의 의료에 대한 관심은 그 어느 때보다 높지만 현재 정부가 내놓는 해결방안을 살펴보면 우려가 큰 상황인 것이다.

한국사회에서 의료는 무엇인가

한국 의료의 개선 논의에 진전을 이루기 어려운 이유 가운데 하나로 의사들의 평판이 기자나 정치인만큼이나 안 좋다는 사실을 지적하지 않을 수 없다. 정부의 공공의대 추진은 그 방향성부터 현실성까지 문제투성이 정책이었지만 의사집단이 반대한다는 이유로 전국민적인 찬성을 얻을 정도로 의사집단에 대한 신뢰는 낮다. 특히 코로나19 사태 속에서 강행되었던 전공의 파업 사태는 더 큰 상흔을 남겼다. 팬데믹이라는 위기 상황에서 공동체를 돌보는 것은 의료인만의 의무가 아니라 시민으로서의 규범일 터이기 때문이다.

한편 의사들을 비판하는 한국사회의 일반적인 여론도 대책 없기는 마찬가지였다. 이제까지의 방역에 의사가 한 일은 거의 없다더라, 이참에 집단행동을 한 의사들의 면허를 아예 취소하자, 간호사들에게 진료 권한을 주면 문제가 해결된다, 의사를 해외에서 수입하자 등 감정적인 비난부터 현실성 없는 발상들이 쏟아져 나왔지만, 한국의 의료가 어쩌다 이 지경까지 이르렀나 하는 현실 직시는 드물었다. 예를 들어 코로나19 사태 속에서 정부의 의대생 증원 추진을 반기는 독일 의사들을 좀 배우라는 지적이 쏟아져 나왔지만, 의대 학비부터 의료환경까지 독일과 한국의 의료는 아예 다른 시스템이라는 생각을 하는 사람은 찾기 어렵다. 꾸바 의사들은 낮은 급여를 받으면서도 시민들을 헌신적으로 돌본다며 부러워하는 사람은 많아도, 한국사회가 중시하는 가치가 평등한 가난이나 시민적 연대에 있지 않은데 의사만 꾸바 같기를 바랄 수는 없다는 상식적 논의는 드물다.

그러다보니 한국 의료에 대해서는 근거 없는 장밋빛 희망이나 현실성 없는 비난이 난무할 뿐, 차분하게 현장을 뜯어보면서 대안을 모색하는 논의를 찾아보기가 어려웠다. 또한 이래야 한다는 당위와 그에 미치지 못한 현실 사이에서 '다른 의료'가 가능하다는 희망을 찾기도 어려웠다. 이 책은 한국 의료가 여러 문제들이 오래 곪아온 현장이며 환자부터 의료 종사자와 정치권에 이르기까지 이해관계와 욕망의 실타래가 복잡하게 엉킨 판이라는 사실을 이해하는 것이 문제를 푸는 실마리라는 생각으로 기획되었다. 무엇보다 일단 현장을 아는 다양한 사람들의 목소리를 듣는 것에서부터 시작할 필요가 있다는 생각으로 백재중, 최원영, 윤정원, 이지은, 김창엽 다섯분을 모셨다.

의료라는 커먼즈

의료를 하나의 커먼즈(commons, 공동영역)로 본다는 것의 의미는 무엇일까? 우선 의료란 국가와 시장에만 맡겨둘 수 있는 것이 아니며, 시민과 지역이 함께 주체가 되지 않는 한 저절로 주어지지 않는다는 점이다. 코로나19 사태가 커지면서 의료를 시장논리에만 맡겨놓을 수 없으며 이후를 대비하기 위해서라도 공공의료가 필요하다는 논의가 많이 나왔다. 공공의료를 지금보다 대폭 확충하고 필수적이지 않은 의료기관은 공공화하며 인공호흡기나 필수 의료장비, 마스크 등의 생산과 유통은 정부가 관리해야 한다는 방안에 대해서 반대할 생각은 없지만, 정작 문제는 의료생태계 전체의 공공성이다.

실제로 코로나19 사태 중에 대구·경북 지역에서 폭증한 집단감염 상황에 비교적 성공적으로 대처할 수 있었던 것은 단지 공공의 힘만은 아니었다. 대학병원, 의료봉사 형식으로 결합한 민간의 의료인력, 기업에서 지원한 생활치료 공간이 두루 활용되었으며, 장애인을 비롯하여 홀로 자가격리하기 어려운 사람들을 위해 돌봄의 공백을 메운 많은 시민단체와 자원봉사자가 있었다. 이는 의료 공공성이 단지 공공병원 병상 확보의 수준을 넘어서는 문제이며 시민사회의 강화 혹은 사회 전반의 공공성 강화라는 차원으로 귀결된다는 사실을 보여준다. 공동체의 필요에 반응하고 움직일 수 있는 시민들의 존재가 중요하며, 위기 상황에 응답하여 공공부문과 민간부문을 아울러 조직하고 동원할 수 있는 거버넌스가 필요할 뿐만 아니라, 이를 가능하게 하는 정치가 뒷받침되어야 하는 것이다.

의료는 공공재이며 필요한 사람 누구에게나 주어져야 한다는 주장도 많지만, 실제 현대사회에서 의료는 고가의 장비와 약품을 사용하는 경우가 많으며 특히 의료에 수반되는 돌봄은 매우 귀한 자원이 되어버렸다. 그러므로 의료를 공공재로서 누구나 누릴 수 있는 권리로 만들기 위해서는 역으로 의료를 공공재로 만들어줄 정치적 공동체가 필요해지는 것이다. 시민들의 삶에서 필수적인 부분은 무엇인지를 판단하고, 거기에 집중해서 반드시 필요한 의료에 대해서는 누구나 누릴 수 있는 권리로 만들어가야 하며, 이를 위해 공공과 민간, 전문의료와 돌봄, 다양한 소수자를 포괄하는 커먼즈의 존재 없이 의료는 공공재가 될 수 없다.

기획 단계에서부터 의료의 다양한 측면을 포괄하고자 했지만, 한국 의료의 여러 문제를 담는 데 책 한권은 턱없이 부족하다. 그럼에도 어려운 내용을 대화의 형식으로 풀어낸 이야기를 따라가다보면 독자들이 한국 의료의 현장에 대해 어느정도 실감을 가질 수 있을 것으로 기대한다. 해결책을 내놓기보다는 일단 현실의 복잡함과 엄중함을 직시하는 것이 필요하다는 마음으로 시작한 이 무모한 기획에 기꺼이 동참해주신 다섯분 덕분이다. 호흡기내과 의사인 백재중은 의료의 공공성을 강화하기 위해서는 민간의 역할 역시 중요함을 강조하면서, 의료민영화 비판을 통해 과연 우리가 바라야 할 의료란 무엇인가에 대한 질문을 던진다. 중환자실 간호사 최원영은 좋은 의료와 돌봄이 가능해지기 위해서는 결국 인력이 중요하다는 사실을 역설하면서, 공공병원이라는 하드웨어에 치중하기 쉬운 공공의료 논의를 비판적으로 볼 수 있게 해준다. 산부인과 의사 윤정원은 일반적인 공공의료 논의가 흔히 놓치기 쉬운 소수자와 여성을 위한 의료의 영역을 강조하며, 인류학자 이지은은 좋은 의료를 위해서는 역으로 좁은 의미의 의료라는 틀을 깨야 함을 환기한다. 마지막으로 보건학자 김창엽은 그간의 공공의료 논의와 정책 방향을 비판적으로 검토하면서 의료 공공성의 핵심은 사람중심의 의료임을 일깨운다. 각기 다른 영역에서 활동하는 분들을 모신 이유는, 의료는 이러한 여러 주체들의 협업으로 이루어지는 커먼즈, 혹은 공동영역이라는 이 책의 취지를 반영한 것이기도 하다.

추상적인 차원의 공공성을 반기는 사람은 많아도 막상 구체적으로 파고들면 껄끄러운 이야기도 많기 마련이다. 어려운 내용을 입말로 푼다고 해서 과연 쉽게 전달될 수 있을지 확신을 갖지 못하고 시작한 작업이었다. 하나의 주제를 건드리면 한국사회의 모든 묵은 문제가 딸려 나오면서 종횡무진 흐르는 복잡한 이야기들을 잘 정리해준 이하림, 김가희 편집자에게 감사드린다. 이

책을 관통하는 주제는 좋은 의료이기도 하지만, 실제로는 좋은 삶과 죽음이다. 사람을 중심에 놓고 죽음을 외면하지 않으며 좋은 삶을 찾아갈 때, 지금과는 다른 의료가 가능하리라는 희망이 독자들을 만나 한국사회에서 공동의 삶을 확장하는 계기가 되리라 믿는다.

2020년 12월

백영경

차례

일러두기

이 책에 실린 모든 대담은 백영경이 진행했다. 2020년 7월 2일 김창엽, 7월 14일 백재중, 7월 22일 윤정원, 8월 13일 이지은, 10월 19일 최원영과의 대담을 진행했고, 모든 대담은 창비 서교빌딩에서 이루어졌다. 책의 편집 과정에서 대담 내용을 수정·보완했다.

대담
백재중

1장

의료민영화는 건강을 위협한다

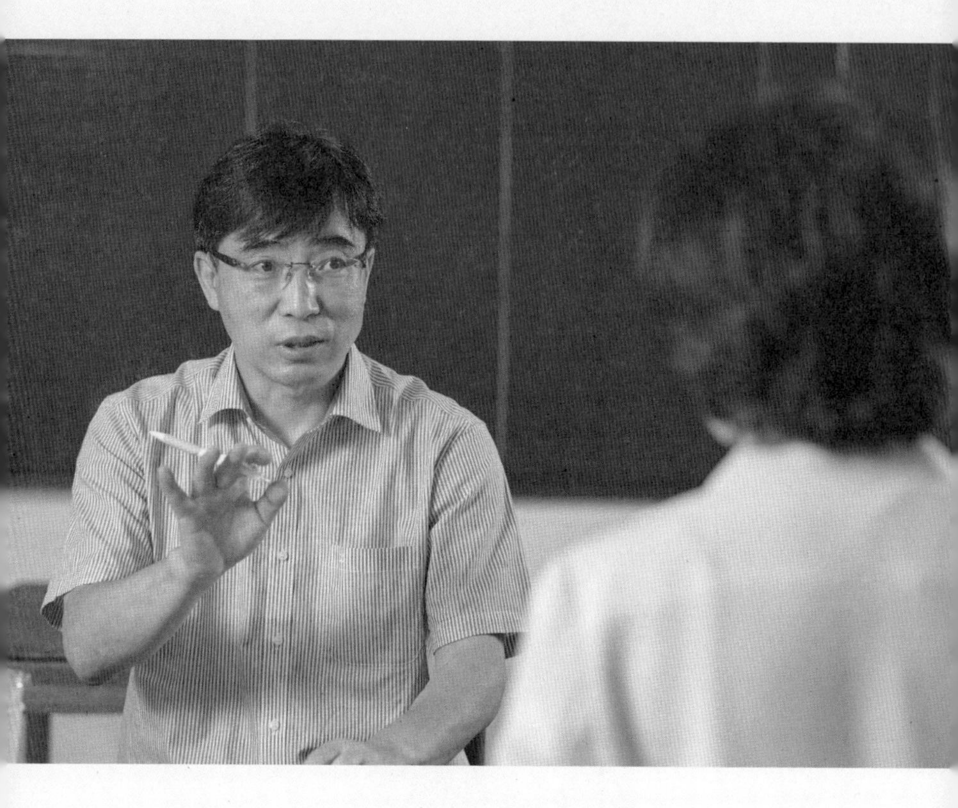

백재중

내과 전문의. 국립중앙의료원, 녹색병원 등에서 일했으며 지금은 신천연합병원 병원장으로 있다. 차별과 혐오가 없는 건강한 세상을 꿈꾸며 인도주의실천의사협의회 공동대표를 역임했으며, 인권의학연구소 이사로 활동하고 있다. 의료 공공성 회복 운동과 가난한 나라의 보건의료 현실에 관심을 갖고 연구 및 지원 활동을 해왔다. 지은 책으로 『자유가 치료다』 『의료 협동조합을 그리다』 『삼성과 의료민영화』 『여기 우리가 있다』 등이 있다.

코로나19가 드러낸 한국 의료의 현실

백영경 코로나19 시대를 맞아서 의료에 대한 관심이 그 어느 때보다 커졌습니다. 공공의료의 부재가 얼마나 무서운 결과를 낳을 수 있는지 피부로 느끼게 되었고, 한 사회가 의료의 효율성이나 경비 절감만을 목적으로 할 때 어떤 문제가 발생하는지 해외 사례도 많이 알려져 공공의료에 대한 공감대가 확산되고 있습니다. 그런데 이 시점에서 정부 정책은 기존의 디지털 기반 비대면 의료 시범사업을 확대하여 스마트의료 인프라를 구축하는 데 초점을 맞추고 있어요. 특히 K-방역에 대한 긍정적 평가 속에서 정부는 아주 기다렸다는 듯이 비대면 의료를 밀어붙이려고 하는 것 같은데요. 비대면 의료 시범사업의 확대가 한국판 뉴딜의 3대

프로젝트와 10대 중점과제 중의 하나로 들어간다고 합니다. 언택트 시대의 환자들과 의사들을 모두 보호할 수 있고, 의료 사각지대를 살필 수 있으며, 국가 경쟁력도 키울 수 있는 분야로 지목되고 있는 것 같습니다.

이런 상황에서 의료와 인권의 문제를 오래 고민해오신 백재중 선생님을 모시고 말씀을 나눠보려고 합니다. 한국 의료의 현실을 비판적으로 말할 때 비용, 접근성, 전문가주의, 권위주의 등 다양한 문제를 거론할 수 있겠지만, 의료현장에서 일어나는 인권침해도 심각한 문제입니다. 치료 목적으로 시민들의 권리가 제한되기도 하고, 시민들이 자의에 반해서 시설에 구금되는 상황도 있는데요. 특히 감염병 환자나 정신장애인의 권리를 제한하는 것에 대해서는 오랫동안 당연하게 여겨온 것 같습니다. 의료행위가 인권침해로 이어지는 상황이라고 할 수 있을 텐데요. 따라서 좋은 의료가 무엇인지 대답하기 위해서는 의료와 인권의 문제를 우선 살펴야 할 것 같습니다. 한국사회에서 의료가 인권을 침해해온 역사 등도 살펴보려고 하는데, 먼저 지금 우리가 경험하고 있는 코로나19 사태에서 출발해보면 어떨까 합니다. 소위 K-방역이 굉장히 성공적이라고 많이 이야기되지만 동시에 인권의 측면에서 우려스러운 상황도 많이 벌어졌는데요. 선생님은 어떤 것들이 기억에 남으시나요?

백재중 K-방역을 이야기하기 전에 먼저 이것부터 짚고 싶습니다. 의료의 가장 큰 원칙 중 하나가 자기결정권입니다. 예를 들어 어떤 환자가 암 진단을 받았어요. 다행히 초기여서 수술을 하면 완치가 되는데, 본인이 수술을 안 받겠다고 합니다. 그 사람을 데려다놓고 강제로 수술을 시킬 수는 없잖아요? 그게 자기결정권입니다. 안락사 개념도 그 연장선에 있죠. 존엄한 죽음을 맞겠다는 본인의 결정을 존중하는 것이 의료행위의 기본적인 원칙입니다. 그런데 그 원칙에서 벗어나 자기결정권을 인정하지 않는 경우가 딱 두가지 있어요. 전염병 그리고 정신질환. 전염병에 걸린 사람이 치료를 거부하며 병에 걸려서 죽겠다고 해도 그 결정을 존중해줄 순 없습니다. 이는 당사자만의 문제가 아니고 다른 사람에 대한 전염 위험성이 있기 때문에 공익을 내세워서 이 사람의 자기결정권을 제약하는 거예요. 조금 다르긴 하지만 정신질환을 앓는 사람도 상태가 악화되면 타인에게 위해를 가할 수 있기 때문에 강제로 격리하는 경우가 있습니다.

이분들은 공익을 위해서 자신의 결정권을 축소, 보류, 포기했기 때문에 사회가 이분들을 배려해야 하는 측면이 있어요. 그런데 코로나19 사태 때 어땠습니까? 배려는커녕 당신 때문에 이 사단이 났다는 식의 확진자에 대한 비난과 혐오가 굉장히 거셌잖아요. 그리고 K-방역에서 가장 문제가 되는 게 동선추적 문제입니다. 사스(SARS, 중증급성호흡기증후군)가 퍼질 당시 제가 국립중앙의료원 호흡기내과에 소속되어 있어서 방역팀을 맡았어요. 그 당시는 지금 같은 격리 병동도 없었고, 동선추적이란 말도 없었습니다. 사실 관련 법령이 없었기 때문에 감염병 환자를 격리하는 것 자체가 불법행위였어요. 법적 근거 없이 환자들을 격리시켰던 거죠. 그 이후에 '감염병의 예방 및 관리에 관한 법률'이 생기면서 격리에 대한 법적 근거가 마련되었죠. 그리고 사스 때는 정보공개도 거의 이루어지지 않았습니다. 격리 병원도, 환자도, 동선도 공개하지 않았어요. 이러한 방식은 사스가 크게 확산되지 않았기 때문에 심각한 문제가 되진 않았지만 메르스(MERS, 중동호흡기증후군) 때도 그대로 넘어오면서 문제가 되었습니다. 메르스는 제법 확산되었고, 정보공개를 하지 않은 게 방역 실패의 원인 중 하나로 지목되었습니다. 사스 방역의 성과로 질병관리본부(현 질병관리청)가 탄생했는데 메르스 방역 실패로 핵심인사 대부분이 잘리거나 징계를 당했죠. 이후 질병관리본부 사람들이 굉장히 절치부심했고, 정보공개의 중요성을 인식해서 동선을 공개하고 추적하자는 합의가 형성됐어요. 질병관리본부에서는 중국에서 새로운 전염병이 생겼을 때 우리가 어떻게 대처할 것인지 연습도 하고 훈련도 했습니다. 이번에 코로나19가 퍼지기 시작했을 때 이런 노력을 바탕으로 발 빠르게 움직인 거죠. 진단키트를 만들고 동선추적도 굉장히 촘촘히 했습니다. 이런 것들이 방역을 성공으로 이끈 주요 원인이 되었지만 한편으로 과잉으로 진행된 측면도 있습니다. 동선추적을 위해 온갖 디지털 기법들과 CCTV, 핸드폰, 신용카드 정보가 총동원되었습니다. 이 정보들을 하나씩 추적하자면 시간이 걸리니까 국토교통부에서 이 정보들을 한데 묶고 조회할 수 있는 프로그램을 만들어서 10분이면 개인정보를 다 파악할 수 있게끔 만들었습니다.

그런데 유럽의 여러 나라에서는 이런 방식의 추적 자체를 문제시합니다. 개인정보 공개는 섬세하게 접근해야 할 문제인데 우리나라는 이에 대해 문제의식이 별로 없는 편입니다. 코로나19 사태 초기에는 성별, 나이, 국적, 시간대별 동선 등 불필요한 정보들까지 대중에 낱낱이 공개되었어요. 사실 방역에 필요한 최소정보만 골라서 공개하면 되고, 당사자가 방문한 모든 장소를 공개할 필요도 없습니다. 만난 사람들을 추적해 파악이 완료되었으면 해당 장소는 공개하지 않아도 됩니다. 그런데 초기에는 이러한 고려 없이 정부 주도하에 모든 정보들이 무차별적으로 공개되었고, 언론이나 시민들은 그 정보를 퍼 날랐습니다. 사생활에 대한 상상력을 자극하는 수준까지 공개된 정보나 동선을 보고 사람들은 '모텔에는 왜 갔을까' '제주도에 갔다가 왜 당일에 돌아왔을까' 이런 얘기를 했고, 굉장히 많은 당사자들이 심리적 타격을 받았습니다. 뒤늦게 국가인권위원회에서 문제를 지적하자 정보공개의 원칙이 마련되었고 성별, 나이, 국적 등은 공개하지 않는 방향으로 바뀌고 있죠. 또한 개인별 동선을 따로 발표하지 않고 접촉자가 확인되지 않은 방문지를 모아서 발표하는 식으로 바뀌고 있습니다. 지자체에 따라 발표 양식에 조금씩 차이가 있지만요.

그리고 공개된 정보의 유효기간과 사후처리에 대한 문제도 있습니다. 방역을 위해 모은 엄청난 데이터들을 어떻게 처리할지, 이 데이터를 계속 보관할지, 일정기간 지나면 파기할지 등에 대한 구체적 기준이 마련되어 있지 않았습니다. 메르스를 겪은 방역 당국에서는 '추적'과 '공개'라는 대원칙만 중시했지, 그 이후 발생할 문제나 인권에 대한 고려는 부족했던 거예요.

백영경 방역 당국에서 정보공개를 시민들의 경각심을 일깨우는 일종의 협박으로 사용한 측면도 있는 것 같습니다. 방역 지침을 제대로 지키지 않아 확진자가 되면 동선 등 개인정보가 공개될 수 있다는 두려움이 시민들 사이에 퍼졌던 것 같아요. 이런 분위기 속에서 사람들이 동선을 감추는 일도 발생했습니다. 개인의 권리를 보호하지 않는 게 결국은 방역에도 위험을 가하는 상황이 오게 된 것이죠.

백재중 그렇습니다. 시민들이 정보공개에 대한 스트레스나 부담감 때문에 더 숨어들어가는 반작용이 발생합니다. 그래서 방역 당국이 정보공개나 동선추적과 관련해서 인권에 대한 원칙과 개념을 정비할 필요가 있습니다. 여론에 떠밀려 몇가지 조치를 취하기는 했는데 좀더 근본적인 문제들이 해결되지 않고 있습니다. 방역에 필요한 최소정보만 공개해야 하고, 방역 이외의 목적으로 이를 활용해서는 안 되며, 일정기간 지난 후 이를 폐기해야 한다는 원칙이 아직 제대로 정립되지 못하고 있습니다. 일반 시민들도 인권에 대한 인식이 부족한 상태이고요. 생명이냐 인권이냐, 대립의 문제로 단순화하여 말하는 경우가 많습니다.

방역과 인권 관련해 가장 심각했던 문제로 안심밴드•를 이야기하지 않을 수 없습니다. 국회에서 먼저 안심밴드 도입을 이야기하기 시작했고, 국무총리와 행정부 장관들이 모여서 토론을 하는 와중에 주무부처인 보건복지부와 행정자치부는 반대를 했습니다. 이때 여론조사가 시행되었는데 찬성 비율이 높게 나오자, 이의 도입이 시급하다는 분위기가 조성되었죠. 인권침해 논란 끝에 원안보다는 후퇴하지만 일부 자가격리자에게 안심밴드가 적용되기도 했습니다. 안심밴드는 방역의 이름 아래 개인의 자기결정권과 인권을 극도로 제약하는 방편이 됩니다. 디지털 감시사회의 대표적인 사례로 꼽을 만합니다.

백영경 뉴스를 보니 일부 지자체에서 지역 버스에 열감지 스캐닝 기계를 다는 시범사업을 하더라고요. 수익을 추구하는 사업체와 실적을 내야 하는 지자체의 이해관계가 맞물려 기술 기반의 이러한 사업들이 계속해서 나오는 것이 아닐까 싶습니다. 안

• 정부는 코로나19 자가격리 이탈자가 계속 발생하자 2020년 4월 '전자팔찌' 도입을 검토 중이라고 발표했다. 성범죄자에게 강제 착용시켜 위치를 추적하고 감시하는 장치가 '전자발찌'인데, 그 명칭만 다른 '전자팔찌'를 자가격리자에게 적용하려는 것이었다. 이에 대해 인권침해 논란이 일자 '전자팔찌' 대신 '안심밴드'로 바꾸었지만 기본적인 개념은 동일하다.

심밴드도 마찬가지고요. 사실 K-방역에 큰 공헌을 한 진단시약도 단지 공익을 위한 봉사로 개발되었던 것은 아니지요. 한국 시장만으로는 큰 이윤을 남기지 않았다고 하나, 수출을 통해 큰 영업이익을 낼 수 있었고, 이러한 기대가 없었다면 그렇게 빠른 시간에 많은 공급이 이루어지기 어려웠을 거라고들 합니다. 의약품으로 이익을 내는 것이 나쁜 것은 아니지만, 현대사회에서는 어떤 의료장비나 의약품이든 시장논리 안에서 개발되고 보급되는 것이지요. 수상쩍은 기술이나 장비들이 방역을 구실로 해서 자꾸 등장하는 것은 단지 인권 감수성이 부족하다는 차원의 문제가 아니며, 이를 통해 의료를 압도하고 있는 이윤의 논리를 생각해봐야 하는 것이 아닐까요?

백재중 전쟁 중에도 경제는 돌아가듯이 재난 와중에도 이 상황이 기회라고 생각하는 업체들이 있어요. 정부로 하여금 돈 쓰게 하는 게 제일 쉽다는 말들을 많이 합니다.(웃음) 정부가 코로나19 유행 와중에 한국판 뉴딜 종합계획 중 하나로 디지털 비대면 의료 추진을 발표하면서, 구체적인 사례로 40만 가구에 웨어러블 디바이스를 배포하는 계획이 논의되고 있거든요. 원격의료, 비대면 의료를 염두에 둔 계획이죠. 기구 가격을 몇십만원으로 계산했을 때 40만 가구 규모면 몇백억, 몇천억 규모의 사업이 됩니다. 정부 주도의 사업이니 세금으로 집행되고요. 재난 상황에도 이윤을 찾으려는 움직임이 끊임없이 작동한다고 볼 수 있습니다.

한국 의료가 상업적일 수밖에 없는 이유

백재중 우리나라의 의료 구성을 살펴보면 공공의료*가 대략 10퍼센트 정도이고 나머지가 민간의료입니다. 90퍼센트의 민간병원 중에서 공익성을 띠고 있는 병원이 녹색병원, 신천연합병원 등인데, 공익적인 가치를 담보하는 민간병원은 그리 많지 않습니다. 그렇기 때문에 민간이 끌고 나가는 우리나라 의료시스템 자체가 굉장히 상업적일 수밖에 없습니다. 우리 사회에서 공공병원을 마련하는 문제도 중요하지만, 민간병원 차원의 공공성을 어떻게 추구해나갈지도 중요한 과제죠.

그러니까 이제까지 한국의 보건의료운동은 어떤 면에서는 실패했다고 볼 수 있습니다. 그동안 한국의 보건의료운동은 건강보험 등 보건의료제도 중심의 활동을 펼쳐왔습니다. 국가에서도 건강보험을 만들고 관련 시스템을 통합하면서 전국민을 대상으로 하는 전국 단위의 건강보험을 만들었어요. 세계적으로도 유례없는 독특한 사례죠. 국가가 재정을 통제하기 때문에 재정 측면에서는 공공적 성격이 확고합니다. 우리나라에서 피부미

* 공공의료는 여러 의미로 사용되는데 여기서는 주로 공공병원을 지칭한다. 공공병원은 중앙정부나 지방자치단체, 공공기관이 설립하고 운영하는 병원을 말한다. 국립중앙의료원, 국립대병원, 지방의료원, 군병원, 경찰병원, 보훈병원 등이 여기에 해당된다.

용, 성형 전문 의료기관을 제외한 모든 의료기관은 건강보험 당연적용 대상이 됩니다. 진찰료, 검사비, 입원비, 수술비 등 의료비는 정부 즉 공공기관인 건강보험기관이 정한 가격이 적용됩니다. 더 받아도 안 되고, 덜 받아도 문제가 됩니다. 현 제도 아래서는 국가가 의료비를 통제할 수 있는 권한이 있는 셈이죠. 그런데 서비스를 제공하는 곳은 병원, 즉 의료기관이잖아요. 의료기관의 90퍼센트는 민간이고, 심지어 그 민간은 공익적인 마인드가 약하고 수익성에 좌우됩니다. 아무리 의료비를 국가가 통제한다고 해도 허점이 있게 마련입니다. 민간 의료기관들은 수익성을 추구하는 경향이 커서 과잉진료를 통해 수익을 올리거나 건강보험이 적용되지 않는 비급여 부분을 확대하게 됩니다. 한국의 의료시스템은 공공성이 취약해질 수밖에 없는 구조적 한계를 안고 있습니다.

백영경 이렇게 불안정한 의료시스템의 원인을 어디서 찾을 수 있을까요?

백재중 우리나라의 근대적 의료기관은 일제강점기에 처음 설립되었기 때문에 일본의 의료체계를 따랐습니다. 일본은 조선에 진출한 일본인 보호와 식민지 조선의 효율적 지배를 위해 전국에 공공병원을 설립합니다. 이게 현재 우리나라 지방의료원의 출발이라고 볼 수 있습니다. 해방 이후 미군정이 시작되면서 보건의료 분야에서도 미국식 제도가 도입됩니다. 미국식 자유방임형 의료가 본격적으로 도입되면서 의료기관 설립과 운영도 민간이 주도하게 됩니다. 민간주도형 시스템이 정책적으로 추구되다 보니 공공의료는 자연스럽게 방치되었습니다.

의료의 핵심은 병원이죠. 병원을 누가 짓고 누가 운영을 할 것이냐가 공공성 여부를 판단하는 기준이 됩니다. 일제강점기에는 정부에서 지었습니다. 진주의료원 등 최근 화제가 된 여러 지방의료원들의 역사가 백년쯤 됩니다. 해방 후에는 공공병원 설립에 대한 투자가 거의 없다가 한국전쟁을 계기로 외국의 지원 아래 공공병원이 몇개 설립됩니다. 한국전쟁 당시 미군이 대민구호활동을 벌이던 병원이 의료원으로 자리잡은 경우도 있고요. 경기 북부에 자리한 지방의료원들이 그렇습니다. 한편 북유럽의 스칸디나비아 3국이 한국전쟁에 참전하면서 전투부대를 보내지 않고 의료진을 보내는데, 그것이 계기가 되어 만들어진 병원이 현재의 국립중앙의료원입니다. 그러고 나서 그 긴 세월 동안 정부는 특수 목적의 공공병원•을 제외하고는 투자를 거의 하지 않았습니다. 세금으로 병원을 지어야 한다는 인식이 희박했는데, 병원은 돈이 되는 수익사업이니까 민간에서 알아서 만든다고 생각했기 때문입니다. 그렇게 공공병원에 거의 투자를 하지 않은 채로 몇십년 지나다보니 공공병원의 비율이 10퍼센트 미만으로

• 군병원, 경찰병원, 보훈병원, 산재병원, 국립대병원 등이다.

떨어진 것입니다.

백영경 진주의료원 사태 때의 여론 흐름을 보더라도 공립병원이 줄어드는 현상의 원인을 신자유주의로 지목하는 경우가 많은데 선생님은 훨씬 더 오래된 구조의 문제로 파악하시는군요.

백재중 미국식 제도가 들어오면서 이미 국가가 의료에 최소로 개입하는 방향이 자리잡았어요. 신자유주의 때문이라면 그 이전, 즉 1970~80년대에 지어진 공공병원이 제법 있어야 하는데 그렇지 않습니다. 한편 1990년대에 중요한 변화가 일어나는데 현대, 삼성 등의 재벌들이 병원에 진출하기 시작합니다. 그러면서 민간병원의 규모가 크게 확장되고 영향력도 더 커지게 됩니다.

백영경 당시 기업들이 병원에 진출한 뒤 병원에서 연수하는 장면을 텔레비전에서 봤는데, 직원들이 '고객감동'을 외치며 토끼뜀을 하더라고요. 지금은 병원이 고객감동을 구호로 내세우는 게 흔하지만 당시만 해도 큰 충격이었어요.

백재중 그전까지만 해도 의료는 권위적이었습니다. 젊은 의사들이 어르신에게 반말하는 경우도 흔했죠. 의사들 목이 굉장히 뻣뻣하던 때에 갑자기 재벌들이 와서 고객감동을 외치니 의사들은 혼란스러웠습니다. 반면 시민들은 이러한 변화가 반가웠고, 재벌

자본이 들어온 민간병원에 호감을 느꼈어요. 대조적으로 공공의료원은 여전히 고루하고 권위적이라는 인식이 자리잡았죠.

이러한 변화 속에서도 정부는 공공의료를 확장할 의지가 별로 없었습니다. 그러다 2000년 의사파업•이 일어났죠. 대부분의 병원과 의사들이 파업에 나섰지만 국립의료원(현 국립중앙의료원) 등

• 1994년 약사법 개정을 통해 이미 예정되어 있던 의약분업은 실제 정책 실행 과정에서 의사들의 반발에 부딪히게 된다. 의료계는 2000년 2월부터 10월에 이르기까지 5차례에 걸쳐 휴업, 파업을 이어나갔다. 의약분업으로 경제적 손실을 볼 것을 우려한 개업의들의 반발이 파업을 촉발하는 계기로 작용하고 나중에는 전공의들도 파업에 참여하게 된다. 손실에 대한 보상이 제시되면서 파업은 마무리되고 의약분업 정책도 그대로 진행되었다.

공공병원에 종사하는 이들은 공무원 신분이기 때문에 파업에 참여하지 않았습니다. 이러한 상황을 맞고 보니 보건복지부에서 공공병원의 필요성을 실감하게 되었습니다. 비상사태 때 정부에 협조적인 병원이 없다는 걸 깨닫고는 공공병원 확충에 대한 논의가 시작되었습니다. 최근 사스, 메르스, 코로나19 사태를 겪으면서 더욱 분명해졌죠. 방역 활동의 최전선에서 움직이는 게 공공병원이거든요. 이제야 정부와 국민들도 공공병원의 필요성을 깨달았고, 이를 적극적으로 주장하는 운동의 흐름들도 생겨나고 있죠. 성남시는 주민조례로 공공병원을 만들었는데, 이외에도 진주, 대전, 울산, 광주 등 여러 지역에서 코로나19를 계기로 공공병원의 필요성에 대한 인식이 높아지면서 공공병원 설립운동이 활발하게 전개되고 있습니다.

백영경 말씀하신 것처럼 우리나라에서 공공의료가 제대로 자리잡지 않은 상황에서 민간의료가 활성화되다보니까 민간의료의 성격 역시 문제적인 듯합니다. 민간병원도 그 성격이 저마다 달라서 환자를 이용해 정부에서 제공하는 지원금을 적극적으로 타가는 민간병원이 있는가 하면 완전히 영리적인 성격의 민간병원도 있죠.

백재중 네, 민간병원도 종류가 다양합니다. 적십자병원은 민간병원이지만 준공공병원으로 인식되기도 합니다. 의료협동조합 역시 민간병원이지만 사회적 소유의 형태를 띠고 있어 공공적 성격이 있고요. 이런 공공적 민간병원이 유럽에는 제법 있습니다. 노동자 거주 지역에서 노동자들이 돈을 모아 병원을 만든 사례도 있고요. 종교단체에서 운영하는 자선병원도 공공적인 성격을 띠는데 한국은 다른 나라에 비하면 많지 않은 편입니다.

백영경 종교단체에서 운영하는 병원으로 부산의 일신기독병원이 떠오릅니다. 제왕절개를 가급적 하지 않고, 모유수유를 권하는 산부인과 병원으로 여성단체에서 좋게 평가했던 병원인데, 이런 긍정적인 모습의 병원을 요즘은 더 찾기 힘든 것 같습니다. 중소 규모의 병원들이 점점 줄어들고 재벌병원 아니면 개인병원으로 양극화되어가는 상황인데요, 지역사회에 긍정적 역할을 해오던 중소병원들은 왜 문을 닫게 되었을까요? 중소병원뿐만 아니라 개인병원은 개인병원대로, 큰 병원은 큰 병원대로, 공공병원은 공공병원대로 모두가 어렵다고 하는데 그 이유는 무엇일까요?

백재중 병원의 치료비를 정부가 통제하는 것이 가장 큰 이유일 듯합니다. 국가의 의료비 통제는 의료비 상승을 막는 장치이기는 하지만, 병원들 입장에서는 국가가 정한 대로 치료비를 받아야 하는데 그 수가가 낮은 편입니다. 지금의 수가체계 아래서는 별도의 정부 보조금이 없으면 병원 경영이 쉽지 않으므로 민간병원은 자연히 수익성 높은 의료 분야로 몰리게 됩니다. 필수의료라고 해도 수익성이 낮으면 기피하게 되는 게 현재의 상황입니다. 수익성이 낮지만 없으면 안 되는 필수의료는 공공병원이 떠맡게 되는데 이로 인해 병원의 경영수지는 더 악화됩니다. 이런 상황에서 공공병원은 적자를 피하기 어려운 게 사실인데 정부 지원금으로 이를 메꾸고 있습니다.

서울 은평구에 마리아수녀회에서 운영하는 도티병원이 있었습니다. 지금은 문을 닫았지만 30년 넘게 자선병원으로 자리를 지켰어요. 가난한 사람들을 무료로 진료해주는 등 누가 봐도 사회적이고 공익적인 역할을 해왔습니다. 그런데 문제는 건강보험료를 청구하면서 발생했습니다. 병원에서 진료를 하면 진료비의 일부는 건강보험공단에서 받고, 일부는 본인에게 청구합니다. 그런데 건강보험료는 청구하면서 본인부담료를 받지 않으면 환자 유인행위에 해당되어 불법으로 간주됩니다. 하지만 도티병원은 그 본인부담료를 받지 않아온 것이죠. 그런데 지역 개인병원의 한 의사가 그 일로 보건소에 민원을 넣었다고 합니다. 무료로 진료해주는 도티병원으로 환자들이 몰리니까 민원을 넣은 것이겠죠. 도티병원의 운영은 오랫동안 지역사회의 암묵적 합의하에 이뤄져왔지만 신고가 들어오면 보건소는 행정시정명령을 내려야 합니다. 그럼 문제가 커지는 거죠. 꼭 이 일 때문만은 아니겠지만 도티병원은 정부의 수가정책이 빚어낸 모순을 감당하지 못하고 문을 닫게 되었습니다. 성가소비녀회에서 운영하는 성북구의 성가복지병원은 아예 건강보험료를 청구하지 않습니다. 정부

보조금 없이 후원금과 자원봉사단의 도움으로만 운영되고 있습니다.

이처럼 수가는 정부가 의료기관들을 통제하는 강력한 무기입니다. 이러한 상황에서 병원들이 재정 문제를 적극적으로 타개해나가기가 쉽지 않습니다. 민간병원이 공공적인 성격의 사업을 해보려고 해도 재정 문제로 발목이 잡히는 경우가 많죠. 재벌 소유의 대형병원이나 대학병원은 여유가 있는 편이지만, 중소병원들은 대체로 힘듭니다. 개인병원은 양극화가 심하고요.

우리나라 의료시스템이 이토록 불안정한 것은 왜소화된 공공의료 때문입니다. 공공병원이 적어도 전체 병원의 20~30퍼센트 정도만 되어도 안전판 역할을 해주면서 의료시스템에 전체적으로 균형이 생길 텐데, 의료기관이 너무 민간에 치우쳐 있다보니 비정상적인 케이스들이 생겨납니다. 민간병원은 비급여 진료 확대, 과잉진료 등을 통해 어떻게든 수익을 끌어올리려고 하죠. 이러한 비정상적인 행위들은 당연히 국민 건강에 전혀 도움이 되지 않습니다. 공공병원의 역할 중 하나는 적정진료를 실천하는 것입니다. 과소진료나 과잉진료가 아닌, 가장 적절한 수준의 진료는 민간병원의 수익성에 치우친 과잉진료를 견제하는 기능을 할 수 있습니다.

백영경 병원으로서는 적자가 날 수밖에 없는 구조 속에서 그렇게라도 버텨나가는 것이겠죠. 공공병원의 확충이 이루어지는 것과 더불어 병원이 적자에 허덕일 수밖에 없는 지금의 구조도 변화해야 할 것 같습니다.

백재중 결국 재정 문제입니다. 현재의 건강보험시스템은 여러 기준이 민간병원이 겨우 생존할 수 있는 정도로 아슬아슬하게 맞춰져 있는데 이 기준으로 공공병원은 당연히 적자를 면하기 어렵습니다. 근본적으로 의료공급시스템에서 공공이 차지하는 비율을 높여야 합니다. 세금을 더 들여 의료의 공공성을 확보해야 장기적으로는 오히려 비용을 절감하게 됩니다. 일정 비율 이상으로 공공병원을 확대하고 동시에 민간병원이 공적 성격을 강화하도록 유도하면서 지나치게 수익성에 치우치지 않아도 생존할 수 있도록 재정 여건을 마련해줄 필요가 있습니다.

디지털의료와 의료민영화, 무엇이 문제인가

백영경 코로나19 사태를 겪으면서 의료 분야의 여러 문제가 수면 위로 드러났습니다. 의료인력 부족의 문제, 돌봄의 결핍 문제 등이 광범위하게 지적되었습니다. 이런 문제가 터져나오는 상황에서 정부가 적극적으로 추진하고 있는 디지털의료가 그 해답이 될 수 있을까요?

백재중 디지털의료란 개념을 분명히 짚고 넘어가야 할 것 같습니다. 디지털의료는 이미 현장에서 많이 진행되었어요. 종이차트는 쓰지 않고, 영상 등의 의료정보도 디지털로 저장됩니다. 병원의 모든 정보는 이미 디지털화되어 있는 셈입니다. 이번에 정부가 한국판 뉴딜을 주창하면서 내세운 것은 원격의료와 빅데이터로, 그것에 디지털의료라는 보기 좋은 이름을 붙인 것인데, 의료민영화의 흐름으로 볼 수 있습니다.

백영경 한국 의료는 이미 영리 추구를 목적으로 움직이고 있는데 왜 새삼스럽게 의료민영화가 문제인지 모르겠다고 생각하는 사람도 많습니다. 의료민영화의 핵심은 무엇일까요?

백재중 아무리 병원들이 돈벌이에 목을 맨 것처럼 보여도 우리나라 병원 중에 영리병원은 없습니다. 영리병원은 주식회사 개념으로, 주주가 투자를 하면 수익을 주주에게 배당해야 합니다. 즉 수익을 법인 밖으로 내보낼 수 있습니다. 영리병원은 병원을 대놓고 투자 대상으로 생각하도록 하는 것이죠. 하지만 비영리병원은 수익을 원칙적으로는 법인 밖으로 내보낼 수 없습니다.

그렇다면 현재 의료공급체계가 대부분 개인이나 민간에 의존하고 있는데 새삼스럽게 민영화가 왜 문제가 되느냐는 건데, 현재 의료민영화의 본질은 의료라는 판의 주도권을 누가 잡을 것이냐 하는 문제라고 봅니다. 의료기관의 주체는 이제껏 대부분

의사나 의료자본이었습니다. 삼성, 현대 같은 재벌이 의료에 진출한 것은 비교적 최근의 일이고, 길병원, 차병원, 을지병원, 백병원 등은 의사 출신의 자본가가 돈을 모아 키운, 전통적인 의료자본의 병원이었습니다. 기업자본이 의료판에 들어와 주도권을 잡고 싶어하는 일련의 흐름이 곧 의료민영화의 흐름이에요. 이를 통해 의료 분야에서 안정적인 수익 창출을 원합니다. 기존에는 의료판이 의사를 중심으로 하는 전문가 독점체제였는데, 기업들이 새로운 시장을 찾아 의료판에 끼어들기 시작합니다. 자본이 의료에 진출하는 방식은 아주 다양합니다. 대표적인 것이 병원 설립인데, 삼성, 현대가 세운 의료법인은 공익법인이지만 의료민영화의 전초 역할을 합니다. 삼성병원의 경우 처음에는 의사 출신이 원장으로 있었지만 기대만큼 성과가 없었는지 원장을 교체하고 삼성경제연구소 출신의 인사를 사장으로 앉힙니다. 병원에 사장이라는 직함이 도입된 것은 이때가 처음인 듯합니다. 그리고 이 사장을 중심으로 의료 영역에서 이윤을 창출하기 위한 전략과 정책을 세우고 실제로 집행하게 됩니다.

백영경 삼성에서 심혈관센터를 수년 동안 추진하다가 암센터가 더 돈이 된다는 컨설팅 결과에 따라 하루아침에 암센터로 계획을 변경했다는 이야기를 들었습니다. 실제로 암센터가 큰 수익을 벌어들이고 있죠. 기업가 입장에서는 당연한 결정이었을 수 있겠네요. 게다가 삼성에는 보험사인 삼성생명도 있습니다.

백재중 2000년대 초반 삼성 내부에서 전자산업이 어느정도 한계에 봉착했다는 판단을 내리고 미래의 새로운 시장을 찾아 나섰는데, 그 핵심이 생명산업, 의료산업이었습니다. 당시 삼성경제연구소에서 펴낸 보고서들을 보면 현재 원격의료 논의의 모델이 되는 내용들이 그대로 있습니다. 헬스케어테크놀로지(HT)란 말도 이때부터 등장합니다. 이후 삼성은 전그룹이 이쪽 분야에 매진합니다. 의료기기는 삼성전자에서, 의약품은 삼성바이오로직스에서 개발하고, 이밖에도 유전자 검사, 노화 연구 등 관련 분야를 전방위적으로 파고듭니다. 결국 취소되었지만 상조회사까지 만들려고 했죠.

그리고 한국 최대 보험회사인 삼성생명이 있습니다. 우리나라는 공보험과 민간보험이 있는데, 공보험인 건강보험이 거의 주도권을 잡고 있고, 민간보험은 보조적인 역할을 하는 수준입니다. 그런데 삼성생명이 뭘 원하겠어요? 공보험인 건강보험이 깨지길 원합니다. 삼성생명의 이윤이 최대화되려면 건강보험 의무가입 제도가 없어지고 건강보험이 민간보험과 경쟁하는 체제로 가야 해요. 삼성은 개인이 삼성의 보험을 들지, 국가의 보험을 들지 선택하게끔 만드는 게 목적입니다. 이렇게 가기 위한 전 단계로 실손보험을 만들었습니다. 기존에는 암보험 등 특정한 질병을 보장하는 보험상품 중심이었는데, 실손보험은 질병에 상관없이 진료비를 지원해주는 구조죠. 어떻게 보면 건강보험과 유사

한 형태인데 노무현정부 당시 본격화됩니다. 그런데 공보험과 민간보험의 결정적 차이는 민간보험은 이윤을 최대한 남겨야 한다는 거죠. 보험회사 입장에서는 건강하고 돈 있는 사람들을 최대한 보험자로 끌어와야 합니다. 장애인이거나 질병이 있거나 돈 없는 사람들, 즉 보험회사에 유리하지 않은 사람들은 국가에서 지원하도록 놔두죠. 그 대신 보험회사는 남는 돈으로 건강한 사람들을 끌어들이기 위해 헬스권 등 각종 특혜를 제공합니다. 그러면 사람들은 민간보험 쪽으로 몰릴 수밖에 없죠. 이런 식으로 공보험을 깨는 게 민간보험의 궁극적 목표라 할 수 있습니다.

백영경 대부분의 국민들은 병원비 부담을 조금이라도 줄이기 위해 실손보험에 가입합니다. 실손보험 등 개인적으로 드는 민간보험이 궁극적으로 국민건강보험체제를 깨뜨릴 위험이 있다는 것을 인지하기는 어려운 거 같아요.

백재중 시민들은 건강보험의 보장으로는 모자라니까 실손보험을 가입합니다. 그런데 아이러니한 것은 국가가 건강보험의 보장률을 높일수록 실손보험에 청구될 비용은 줄어드니까 보험사로서는 더 많은 이윤이 남게 됩니다. 의료시장에 자본이 개입하는 의료민영화의 흐름이 건강보험체제를 뒤흔들 수 있다는 것을 좀더 심각하게 생각할 필요가 있습니다.

백영경 빅데이터 역시 의료민영화의 흐름 속에 있습니다. 빅데이터는 의료현장에서 구체적으로 어떻게 수익과 연결될까요?

백재중 빅데이터를 활용하는 대표적인 예가 서울시의 올빼미버스입니다. 서울시에서는 심야시간의 지역별 데이터 사용량을 통해 유동인구가 밀집한 지역을 알아내고 그 지역을 잇는 버스노선을 운영합니다. 지난 총선 때 더불어민주당에서 빅데이터를 이용해 선거운동을 했다는 이야기도 나왔습니다. 올빼미버스와 마찬가지로 일정한 시간대의 통화량이 많은 지역을 알아내 그곳에서 선거운동을 집중했을 것으로 보입니다.

의료에서는 많은 정보가 이미 디지털화되어 있습니다. 의료기관이나 약국이 보험료 청구를 위해 건강보험공단에 접수하는 정보들이 굉장히 많은데, 이것들이 디지털정보로 보관되어 있습니다. 약국에서 약을 살 때도, 병원에서 진료를 받을 때도 전산프로그램을 이용하는 것이죠. 그런데 이 프로그램에 남아 있던 의료정보들이 미국에 본사를 둔 의료정보 데이터회사로 모두 팔려넘어가는 사례가 적발되기도 했습니다. 이 회사는 의료정보들을 가공해서 제약회사들에게 팔았습니다. 제약회사가 특정 의사나 병원이 주로 사용하는 약 목록을 알고 있으면 영업하는 데 큰 도움이 되죠.

올빼미버스나 선거운동에서 활용된 데이터는 개인의 신상을 알 수 없는 불특정 정보입니다. 반면 의료정보는 이름과 주민등

록번호가 없다 하더라도 개인의 신체정보, 건강정보가 고스란히 담긴 정보입니다. 더구나 우리나라 건강보험시스템은 세계에서 유례없을 정도로 중앙집권화되어 있습니다. 일본이나 독일의 보험은 지역정부에서 운영하기 때문에 그 데이터가 국가 단위로 통합되어 있지 않은 데 비해, 우리나라의 경우 건강보험공단에 3조 4천억건의 데이터가, 건강보험심사평가원에 3조건의 데이터가 모여 있다고 합니다. 우리나라 모든 국민의 건강과 의료에 대한 정보가 담긴 엄청난 데이터입니다.

한편 보험회사는 자체적으로 가진 정보들이 있습니다. 우리가 보험금을 받기 위해 제출한 진단서나 소견서를 보험회사는 철저히 보관합니다. 한동안 보험회사들이 연합해 빅데이터를 모으기도 했습니다. 보험회사들이 서로의 데이터를 공유해 열람할 수 있다고 하면, 시민들로서는 좋은 조건으로 보험에 가입하기가 까다로워질 수밖에 없습니다. 또 보험회사들은 이 데이터를 통해 새로운 상품, 높은 이윤을 창출할 수 있는 상품을 개발합니다. 장애가 있거나 보험회사 입장에서 손해가 날 만한 사람은 배제하고, 건강하고 젊고 오랫동안 돈을 벌 수 있는 사람들을 끌어들이는 방향으로 전략을 세웁니다.

그리고 삼성에는 삼성카드가 있죠. 삼성생명과 삼성카드의 데이터를 크로스매칭하면 소비 패턴, 질병과 입원 유무 등 개인에 대한 많은 것을 파악할 수 있어요. 최근에는 아산병원과 카카오가 협약을 맺고 아산카카오메디컬데이터라는 회사를 만들었습니다. 유용한 의료기술을 개발하는 데 이러한 빅데이터를 쓸 수도 있겠지만, 개인식별정보는 유출 시 위험이 크기 때문에 이를 방지할 수 있는 장치들이 필요합니다.

백영경 데이터에 관해서 문제의식을 가지고 있어도 보안을 철저히 하기는 어려울 텐데, 코로나19 이후로 데이터를 대하는 사람들의 태도에 변화가 생긴 것 같습니다. 공공의 이익을 위해서는 프라이버시를 어느정도 희생할 수 있다는 인식이 자리잡은 듯해요.

백재중 요즘 이광재 더불어민주당 의원이 데이터청을 설립해 흩어진 공공데이터와 민간데이터를 통합 관리해야 한다는 목소리를 강하게 내고 있습니다. 데이터청을 만들면 첫번째 타깃이 의료정보겠죠. 2020년 1월 데이터3법•이 개정되면서 비식별정보에 대해서는 어느정도 활용이 가능해졌습니다. 비식별정보라 하더라도 의료정보 같은 민감정보를 어떻게 다뤄야 할 것인가 하는 문제가 여전히 남아 있고, 다양한 비식별정보를 크로스매칭하면

• 개인정보보호법·정보통신망법·신용정보법 개정안을 일컫는 말로, 정부의 발표에 따르면 이 3법 개정안은 개인정보 보호에 관한 법 조항이 소관 부처가 다른 3법에 나뉘어 있어 발생하는 중복 규제를 없앰으로써 4차 산업혁명의 도래에 맞춰 개인과 기업이 정보를 활용할 수 있는 폭을 넓히기 위해 마련됐다. 여러 시민단체 및 국가인권위원회에서는 데이터3법이 개인정보의 상업적 활용에만 치중하고 있을 뿐 정보체의 개인정보 유출이 가능해지도록 할 수 있어 인권을 침해할 수 있다는 우려를 나타냈다.

식별 가능해지기도 합니다. 게다가 우리나라의 비식별화 솔루션은 보안이 느슨한 편이라 유출 위험이 높다고 합니다. 특히 의료정보는 하나의 사건에 대한 기록이잖아요. 몇월 며칠에 입원했다는 사실만으로도 식별에 준하는 데이터입니다. 유전자정보는 애초에 비식별이 불가능하고요.

원격의료가 의료 불평등을 강화한다

백영경 한쪽에서는 빅데이터, 웨어러블디바이스 등 화려한 테크놀로지를 내세운 의료민영화의 흐름이 있고, 또다른 한쪽에서는 공공병원을 확충해야 한다는 흐름이 있는데, 이렇게 서로 다른 두 방향이 공존해서는 무엇도 해결될 수 없을 것 같습니다. 두 흐름이 균형을 이룬 상태라고 보기 힘든 것 아닐까요? 의료를 보는 관점이 아예 다르기 때문에 양립하기 어렵고, 둘 중 어느 하나를 선택해야 하는 문제인 것 같습니다. 하지만 여전히 원격의료시스템도 구축하고 지역사회 돌봄시스템도 구축하면 좋지 않으냐 생각하는 분들이 많은 듯합니다. 선택지가 많으면 좋다는 것이죠.

백재중 우리나라는 의료인력의 집중뿐 아니라 환자들의 집중 문제도 심각합니다. 이른바 빅5병원(서울아산병원, 삼성서울병원, 서울대병원, 세브란스병원, 서울성모병원)으로 환자들이 몰립니다. 암 진단 받으면 제주도에서도 삼성서울병원으로 가는 일이 흔합니다. KTX가 개통되고 전국을 당일 내에 오갈 수 있게 되면서 더 심해졌어요. 하루에 병원에서 진료할 수 있는 환자 수는 정해져 있는데, 환자들이 몰리다보니 정작 진료가 필요한 사람은 받지 못하는 상황이 생깁니다. 이런 상황에서 원격의료까지 상용화되면 삼성서울병원에서 시골에 있는 사람을 진단하고 처방전을 보낼 수 있게 됩니다. 의료집중도가 더욱 심각해지죠. 대형병원들은 이 원격의료를 당연히 환영합니다.

2000년대 초반부터 기업들, IT업체 등이 중심이 되어서 원격의료를 꾸준히 추진해왔습니다. 원격의료가 필요한 곳도 있어요. 미국이나 호주처럼 땅덩어리가 굉장히 넓은 지역에서는 원격의료시스템이 도움이 됩니다. 아프리카에서 국제구호활동을 할 때도 그렇고요. 교통수단이 많지 않고 의사인력이 턱없이 부족한 곳에서는 원격의료 기술을 동원해야죠. 약을 드론으로 배달하는 등 테크놀로지를 활용한 다양한 방법이 시도되고 있습니다.

한국은 그런 상황이 아닌데도 원격의료를 도입하려고 하죠. 기술을 보유한 IT회사 입장에서는 원격의료 기술이 국제구호활동에만 활용되면 수익에 한계가 있으니까 최대한 이를 보급하려고 합니다. 그러면서 낙도, 군부대, 원양어선, 재외한국인, 장애인, 어르신 등의 사례를 끌어들여 이 기술의 쓸모를 홍보합니다. 장애인이나 어르신들은 이러한 디지털기술에 가장 취약한 분들인데 이들에게 도움이 되는 기술이라고 호도합니다. 정부에서 이 원격의료 관련 기기를 40만 가구에 보급한다고 하는데, 천문학적인 예산을 들여 보급한 뒤 한두달만 지나도 제대로 활용하는 가구가 1퍼센트 미만으로 떨어질 것으로 보여요.

거의 20여년 동안 삼성뿐 아니라 원격의료와 이해관계를 가진 크고 작은 기업들이 생겨났고 이들이 정부를 상대로 끊임없이 교섭을 하며, 기획재정부는 이러한 기업들을 지지하고 대변합니다. 보건복지부가 시범사업을 통해 이 기술의 실효성이나 효과를 검토했지만 그리 긍정적이지 않았어요. 하지만 돈이 되니까 관련 기업들은 계속해서 밀고 들어오는 거죠. 의사들은 자신들의 독점적인 지위에 위험할 수 있겠다 판단해 반대하고요.

백영경 의사들이 자신들의 이해관계 때문에 반대하는 것으로 보이니까 오히려 일반 시민들은 찬성 입장을 갖게 됩니다. 의사들의 독점적인 지위를 깰 수 있으면 좋은 게 아닌가 하고요. 하지만 의사들의 독점적 지위를 깨기 위해 필요한 것은 디지털의료를 추진하는 것이 아니라 시민들이 의료를 소비하는 것을 넘어 주도하는 방식으로 전환하는 것이겠죠.

백재중 원격의료의 필요성을 언급하면서 나오는 이야기는 이런 방식입니다. 거동이 힘든 노모가 몸이 안 좋아 KTX를 타고 서울의 큰 병원에 갔다가 5분 진료받고 나왔는데, 원격의료시스템이 구축되면 노모가 힘들게 오가지 않아도 서울의 대형병원이 제공하는 양질의 의료서비스를 받을 수 있다. 하지만 노모는 원격의료에 필요한 기기나 프로그램을 가동하기도 어려울 가능성이 높습니다. 이 상황을 해결하기 위한 유일한 해결책이 원격의료인 것도 아닙니다. 지역사회 가까운 곳에 병원이 있고 주치의 개념의 의사가 왕진을 나오거나 전화로 상담을 해주는 게 더 바람직하지 않을까요? 이런 변화를 이끌어내려면 시민들의 참여가 반드시 필요합니다.

백영경 정부에서는 언택트기술이 환자와 의사 모두 보호할 수 있다고 하죠. 감염병 위험으로부터 의료진과 환자를 보호하기 위해서 비대면 의료를 도입하는 것이라고 하는데, 어떻게 의사가 환자를 비대면으로만 진료할 수 있을까요? 비대면이 가능한 특정한 상황을 들어서 비대면 의료가 감염병 시대에 의료진과 환자 모두를 보호할 수 있는 방편이라고 선전하는 것은 지금도 방호복을 입고 환자들을 일일이 접촉하면서 그 몸을 직접 돌보고 있는 의료진들에 대한 예의도 아닌 것 같습니다.

백재중 우리나라는 인권에 대한 사회적 인식이 전반적으로 느슨하고, '경제 살리기'란 캐치프레이즈 앞에서는 어떤 가치도 무색해져버리는 분위기도 만연합니다. 원격의료에 대해서도 특별한 문제의식이 없는 편이고 시민들도 대체로 관대하게 받아들이는

것 같아요. 이윤을 창출하여 경제성장에 도움이 된다는 측면에서 원격의료를 긍정적으로 평가하는 여론도 많이 접하는데, 의료가 경제성장을 위해 존재하는 것은 아니죠. 자본의 논리입니다.

원격의료는 코로나19 국면에서 확실히 급부상했는데 우리나라 상황에서는 그 토대가 마련되어 있지 않아 제대로 작동하기 어려울 거예요. 그런데 정부에서 의지를 갖고 추진하면 돈이 풀리기 시작하죠. 돈이 투입되어 기업이 생기고 노동자들이 생기면 원격의료는 함부로 폐지될 수도 없고 계속 굴러가야 합니다. 실효성이 없는 것으로 판명되고 국민 건강에 기여하지 못해도 돈은 계속 투입되죠. 그러다보면 정작 필요한 부분, 지역돌봄시스템에 대한 투자는 줄어듭니다. 코로나19 국면에서 정작 더 힘을 쏟아야 할 사업은 이 부분인데 말이죠. 집에서 감당 못하는 돌봄을 사회적으로 어떻게 보조할 것인가를 고민하고 그 시범사업도 해봐야 하는데, 디지털의료니 비대면 의료니 하는 데로 국가의 관심이 쏠려 있는 상황이니 답답합니다. 원격의료 사업은 아직 그 효과가 검증되지 않았는데 여기로 재정이 빠져나가면 실제 국민에게 필요한 분야의 건강보험 예산이 축소되는 결과를 낳게 되고, 이는 곧 건강 불평등을 초래할 위험이 있습니다. 이는 공공병원을 좀더 확충한다고 보완할 수 있는 문제가 아닙니다. 전반적인 흐름이 이런 쪽으로 가버리면 공공성, 형평성의 문제들이 축소되고 취약계층들이 배제될 수밖에 없습니다.

의료의 공공성을 높이려면 의료재정의 공공화, 병원들의 공공성 확충, 지역사회 돌봄시스템 구축 등을 밀접하게 연결시키면서 추진해가야 합니다. 이는 환자와 의사의 관계가 좀더 직접적이고 밀접해지도록 하는 방향이고, 원격의료가 추구하는 비대면성과는 그 방향이 다르죠. 환자와 의사의 밀접도가 높아지고 이들이 더 긴밀한 관계를 갖게 됨으로써 주치의 개념이 도입될 수 있으며, 이를 바탕으로 지역사회 돌봄시스템도 단단하게 구축할 수 있습니다.

의료인력 문제의 핵심은 불균형이다

백영경 2020년 의사파업*은 2002년 의사파업과 비교해서 어떤 차이가 있다고 생각하시는지요. 의사들의 요구나 사회적 상황, 여론의 반향 면에서 이야기해주시면 좋을 것 같습니다.

백재중 2000년도 의사파업은 의약분업 시행에 반대하는 개원의들의 휴업으로 시작되어 전공의들이 본격적으로 파업에 참여하면서 수개월 동안 계속됩니다. 의약분업이 의료계에 미칠 경제적 손실에 대한 우려가 가장 큰 추동력이었습니다. 이전에는 병·의원에서 직접 약을 조제했다면 의약분업 환경에서는 처방만 할 수 있고 약의 조제는 약국으로 넘어가게 됩니다. 약의 조제 과정에서 발생하는 마진이 감소하기 때문에 손실이 발생할 수밖에 없고요. 의사파업이 계속되자 정부는 이들을 달래기 위해 수차례 의료수가를 인상하게 됩니다.

2020년 의사파업은 주로 의대 정원 확대와 공공의대 설립 정

* 2020년 8월 1일 대한의사협회가 '독단적인 의료 4대악 철폐를 위한 대정부 요구사항'을 발표하면서 의사파업이 시작되었고 전공의, 전임의 등이 순차적으로 파업에 돌입하며 두달여 동안 사회적으로 큰 논란을 불러일으켰다. 이 대담은 의사파업이 일어나기 전인 7월 14일 진행되었으나 이후 이메일을 통해 주고받은 내용을 추가해 실었다.

책에 의료계가 반발해서 시작됩니다. 전공의들이 앞장서고 뒤이어 의대생들이 휴학과 국시(의사 국가시험) 거부 방식으로 참여했습니다. 개원의들은 참여 자체는 저조했지만 젊은 의사들의 파업을 지지, 응원하는 양상이었고요. 일단 의사 수가 늘면 의사들 간의 경쟁이 치열해질 것을 우려하는 분위기가 컸습니다. 의대 정원 확대는 당장의 문제라기보다는 미래에 닥칠 문제여서 젊은 의사들과 의대생의 파업 참여가 높았던 것으로 보입니다. 정책의 일방성에 대한 반감도 있었던 거 같고요.

의사들의 대규모 파업에 여론이 좋을 리는 없죠. 특히 이번 파업에는 코로나19 팬데믹 와중에 전공의들이 필수업무가 수행되는 응급실, 중환자실 등에서도 철수하는 바람에 여론이 악화되었습니다. '전교 1등'으로 대표되는 엘리뜨주의가 전면에 등장하면서 역풍을 맞기도 했죠.

백영경 한국의 의사 양성 과정에 대해서는 어떻게 생각하시는지요? 공공의대를 신설하는 것만으로는 의료의 공공성을 확보하기에도 부족하지만, 의사 양성 과정 전반을 그대로 두고 공공의대를 통해 소수 인력을 충원하는 것은 한국의 의사집단을 변화시키기에는 부족하지 않을까 싶습니다. 어떤 변화가 필요하다고 보십니까?

백재중 의사 수 부족도 문제지만 오히려 분포의 불균형이 더 심각한 문제로 보입니다. 대부분의 의사는 지방보다는 대도시 근무를 선호합니다. 지방에 있는 병원에서는 의사 구하기가 하늘의 별 따기입니다. 요즘 지방 의대에도 수도권 출신들이 많은데 이들은 졸업 후 다시 수도권으로 돌아오는 경우가 많습니다. 지방은 여전히 의사가 부족한 현실에서 벗어나지 못하고 있고요.

필수의료일지라도 일이 힘들거나 의료사고 위험이 크거나 수익이 낮으면 전공 기피율이 높습니다. 수익이 높은 미용이나 성형 분야로 빠지는 인력도 많습니다. 의사 수만 늘린다고 문제가 해결될 것으로 보이지는 않고, 지금이라도 의사 분포 불균형에 대한 대책을 마련하면 의사 수 부족으로 인한 문제를 다소 완화할 수 있을 것 같지만 쉽지 않아 보입니다.

우리나라는 의료서비스 공급의 민간 의존도가 너무 높습니다. 공공의대를 설립하여 인력을 배출해도 사회에 나오면 현실에 휩쓸려갈 수밖에 없죠. 과도한 민간의존도가 우리나라 의료의 성격을 규정하고 있어 현재의 의사들이나 미래의 의사들도 이런 조건의 영향을 벗어나기 어렵습니다. 그래서 의사 수 확대나 공공의대 설립 등의 정책에 예민하게 반응하는 듯하고요.

그런데 공공병원 확대와 같은 공공의료 인프라 구축은 단기간에 가능하지가 않습니다. 공공병원 설립 자체가 지난한 과정이기도 하고 대도시의 경우는 이미 병상이 포화 상태여서 공공병원 짓는다고 병원을 더 지으면 병상 과잉이 악화될 수도 있습니다.

공공병원 확대는 지속적으로 추진해야 하는 과제입니다. 동시에 비대해져 있는 민간부문에서 어떻게 공공성을 회복할 것인가도 고민해봐야 합니다. 가장 핵심은 누가 할 것인가 하는 주체의 문제입니다. 민간 영역이므로 정부나 지자체가 전면에 나서기는 어렵고, 민간이기는 하지만 공공성을 지향하는 사람들이나 단체가 의료서비스 공급에 참여할 필요가 있습니다. 대표적으로 의료복지사회적협동조합이 있는데 이외에도 다양한 참여 방식을 제도화할 필요가 있어 보입니다.

인권의 사각지대, 수용시설

백영경 이번 코로나19 사태로 수용시설에 갇힌 사람들의 존재가 많은 사람들한테 충격을 준 것 같습니다. 선생님처럼 이 문제에 오랫동안 관심을 갖고 연구해오신 분도 있지만, 대부분의 사람들은 사회 곳곳에 갇힌 약자들이 이렇게 많다는 것을 알고 새삼스럽게 충격을 느꼈습니다. 소록도나 형제복지원 등 사회적으로 화제가 된 장소들도 있고, 전국 곳곳에 이런 역할을 하던 기도원이 굉장히 많았던 것으로 알고 있습니다. 얼마 전까지만 해도 드라마를 보면 가족들이 정신질환자를 사설기관에 보내려고 실랑이를 하고, 기관 사람들이 와서 그를 잡아가는 장면이 많이 나왔죠. 멀쩡한 사람이 이러한 기관에 수용되는 것에 대해서는 문제의식을 느껴도, 정신장애가 있는 사람이 수용되는 것에 대해서는 큰 문제로 생각하지 않는 듯합니다. 이러한 생각이 보편적인 사고방식으로 자리잡을 만큼 오랫동안 이런 일이 지속되어왔고요. 이러한 수용시설이 한국에 왜 이렇게 많은 것일까요?

백재중 코로나19로 인해 우리 사회 곳곳의 민낯이 거침없이 드러났는데 그중 대표적인 곳이 첫 사망자가 발생한 청도대남병원의 정신병동인 듯합니다. 입원환자의 백퍼센트가 감염되면서 굉장한 충격을 가져다주었습니다. 우리나라 정신병원의 문제는 그 뿌리가 깊습니다. 정신병원과 정신요양시설•에 수용된 인원을 합치면 7만~8만명 정도 됩니다. 가족이나 주변인에 의해 강제로 들어와 있는 경우도 있고, 오래 있다보면 병세가 호전되어도 사회 적응력이 떨어져서 못 나가는 경우도 생깁니다. 어쩔 수 없이 자의로 남게 되죠. 그래서 자의냐 강제냐 하는 질문이 의미 없습니다.

돌이켜보면 우리나라의 소외집단 중 정신장애인처럼 수난을 당한 이들이 없는 것 같습니다. 시간을 거슬러 올라가 농경사회에서는 정신장애인이 배제될 이유가 없었습니다. 씨족공동체를 이루어 살고 있었고, 가족 구성원 중 한명이 정신이 온전치 않아도 공동체 내에서 돌볼 수 있고, 정신장애를 앓는 이도 간단한 농

• 정신요양시설은 정신과 전문의가 상주하지 않고 치료 기능이 없어 의료기관이 아닌 사회복지시설로 분류된다.

사일은 도울 수 있었으니까요. 당시는 수명이 짧았으니까 살아 있다는 것 자체가 노동력이고 경쟁력이었습니다. 조선시대 때 기록을 보면 가벼운 정신장애를 갖고 있는 이가 관직에 나간 경우도 있습니다. 정신장애인과 비정신장애인 사이의 구분 없이 어울려 지냈는데 이 구분이 뚜렷해지는 시점이 일제강점기입니다.

부랑아라는 개념이 생기기 시작하는 게 일제강점기예요. 거리의 부랑아들을 모아 격리수용해야 한다는 담론이 그때부터 나옵니다. 별도의 법이 제정되고, 부랑아 시설이 생기고, 격리수용의 원칙들이 생겨나면서 한센인 등이 소록도에 격리조치되었지요. 비단 우리나라뿐만 아니라 일본 본토, 일본의 또다른 점령지인 대만에도 한센인 수용소가 있었어요.

백영경 일본 식민지 모델로 볼 수 있죠. 일본이 점령하게 된 식민지에는 우선적으로 수용소와 군부대를 쌍으로 지었다고 합니다. 한쪽에는 군사시설, 또다른 한쪽에는 넓은 의미의 부랑인들을 수용하는 시설을 지은 거죠.

백재중 일본 제국주의의 한 방식입니다. 소록도에는 수천명을 수용하는 시설을 만들고 전국의 한센인들을 모아 격리시켰습니다. 일제가 격리시킨 이들 중에는 결핵환자도 포함되는데, 당시 결핵 치료약이 없었고 전염의 위험이 높았기 때문이죠. 그리고 부랑아를 수용하는 선감학원이 1940년대 경기도 앞바다의 섬에 들어섭니다. 선감학원 같은 시설이 목포 등 지역 곳곳에 생겨났고, 정신병원도 일제강점기 때 처음 생깁니다. 이러한 정책이 해방 후에도 그대로 이어졌고, 5·16 쿠데타 이후 박정희가 집권하면서부터는 격리하는 수준을 넘어 동원을 합니다. 그때 나온 게 서산개척단(대한청소년개척단)이죠. 정부 주도의 사업단이 넝마주이들, 죄수들을 데려다가 5·16도로 같은 건설 현장에 투입시킵니다. 그들을 부녀보호소에 수용하고 있던 여성들과 집단결혼을 시키기도 했습니다. 이런 사회적 분위기 속에서 정신장애인들은 특별히 구분된 치료대상자로 존재하지 않았습니다. 수많은 부랑인들 속에 묻혀간 거예요.

이 와중에 장사를 한 이들도 있었는데 대표적인 것이 기도원입니다. 당시 한국사회는 농경사회가 해체되고 빠르게 도시화, 산업화의 길로 들어섰습니다. 지역공동체, 가족공동체에서 돌보던 정신장애인들은 도시에서는 예전 같은 돌봄을 받기 힘들어졌어요. 낯선 이들과 너무 가깝게 이웃하고 있기 때문에 가족 구성원 중에 정신장애인이 있으면 이웃 간 갈등의 불씨가 되기 일쑤였습니다. 가족이 돌볼 여건이 안 되자 정신장애인은 가족에게 짐이 되었고, 정신병원은 없고, 대학병원은 비싼 상황에서 가족에게 남은 선택지는 기도원이 되었습니다. 한달에 몇십만원을 내고 정신장애인을 기도원에 맡기는 거죠. 가족이 얼마씩이라도 돈을 내면 면회가 허락되었지만 그러지 못한 경우에 정신장애인들은 버려지는 것이나 다름없죠. 당시 기도원에는 버려진 정신장애인들이 굉장히 많았습니다. 기도원은 대체로 깊은 산속에 있었는데, 갑자기 갇히게 된 환자들은 나가고 싶어서 소란을 피우고, 그러면 기도원 측에서 이들의 팔다리를 묶어 쇠창살로 막힌 공간에 가둬놓았습니다. 밥을 안 주거나 강제로 먹이는 경우가 다반사였지요. 여성들의 경우에는 성폭행을 당하고 임신으로 이어지는 일이 흔했습니다. 굉장히 끔찍한 일입니다만 이런 시설의 일반적인 모습이었습니다.

1995년 정신보건법이 제정되면서 이런 문제들이 양성화되고 정신병원이 생겨납니다. 기도원에 갇혀 있던 사람들이 지역사회로 돌아오지 못한 채 정신병원으로 이동한 것이죠. 사회적으로 문제가 된 몇몇 시설들인 형제복지원이나 대구희망원을 보면 그 안에 형제정신요양원, 대구정신요양원이 따로 있습니다. 원래는 정신질환자들이 부랑인과 구분 없이 수용되어 지내다가, 정신보건법이 생기면서 정신질환자가 별도의 환자집단으로 구분되고 부랑인 시설이나 기도원에 있던 환자들이 새로 생겨난 정신병원으로 이동을 하게 됩니다. 또 정신보건법에 의해 강제입원이 법적으로 인정됩니다. 그래서 최근까지도 강제입원이 전체 입원의 70퍼센트를 차지했습니다. 7만~8만명의 70퍼센트면 5만~6만명 정도가 강제로 끌려가서 입원당했다는 거죠.

이처럼 정신병원은 인권침해 문제에서 자유로울 수 없는 곳입니다. 이번 청도대남병원에서 그 문제가 드러났죠. 청도대남병원의 정신병동 병실을 보면 밀폐되어 있어 환기가 안 되며, 문을 안에서 열지 못하게 되어 있습니다. 한 병실에 8~10명까지 수용하기 때문에 접촉은 굉장히 많은데 환기가 되지 않으니 바이러스가 한번 들어오면 금방 퍼질 수밖에 없죠. 결국 청도대남병원 정신병동 입원자 103명 전원이 코로나19에 감염됐고, 이중 8명이 사망했습니다. 이러한 환경은 이 병원만의 특수한 사례가 아니라 우리나라 정신병원의 보편적인 모습이라 할 수 있고, 이 문제가 코로나19 사태로 드러난 거죠.

다음으로 짚어야 할 문제가 약 40만명 정도가 수용되어 있는 노인요양시설입니다. 제가 지역 요양원 수십군데를 다녀봤는데 대체로 열악하고, 인간의 존엄함을 유지할 수 있는 환경이 아닙니다. 조그만 교회 공간 일부에 침대 몇개 갖다놓고 요양시설이라는 데도 있고, 한 건물에 수백명씩 수용되거나 한 방을 대여섯명이 쓰는 경우도 허다합니다. 사생활이 있을 수 없죠. 그리고 제가 병원 근처의 임대아파트 단지에서 건강상담도 정기적으로 해왔는데요. 주로 어르신들이 상담받으러 오시는데 혼자 사는 분이 대부분이고, 치매 초기여서 정신상태가 아슬아슬하신 분도 더러 있습니다. 90세 이상의 노령인데다, 혼자 살고, 장애나 중증 질환을 앓고 있는데 의료적 개입이나 돌봄이 전혀 이뤄지지 않고 있는 거죠. 우리 사회가 급격하게 고령화되어가고 있는 상황인데 지역 차원의 돌봄지원시스템이 제대로 정비되어 있지 않습니다. 정부도 문제의식을 갖고는 있어서 2018년에 커뮤니티케어(지역사회통합돌봄)가 도입되었습니다. 가능한 한 어르신들이 시설에 가지 않고 지역사회에서 살아갈 수 있게 하자는 방향이었죠. 이러한 방향이 오히려 비용도 덜 들고 삶의 질도 높일 수 있습니다. 그런데 지금 진척이 안 되고 있어요. 이 방향에 대한 정부의 정책적 의지가 상대적으로 약하기 때문입니다. 최근 코로나19 사태 이후로 원격의료 등과 관련된 정책이 전면적으로 부각되면서 커뮤니티케어 논의는 잠잠해져버렸습니다.

백영경 청도대남병원 같은 시설의 재정은 어떻게 마련되나요?

백재중 정부에서 지원합니다. 입원환자 대부분이 생활능력이 없기 때문에 의료보호 환자로 지정되는 경우가 많은데 정부가 의료비를 세금에서 지원하게 됩니다. 건강보험과는 별도 체계입니다. 정신병원에 수용된 의료보호 환자의 경우 의료 지원금이 정액제로 한달에 100만~120만원이 나옵니다. 입원환자가 열명이면 천만원 안팎이 고정수입으로 들어오는 거죠. 병원에서는 이 돈으로 인건비와 식비 등을 댑니다. 수입은 고정되어 있고 지출을 줄일수록 이익이 남는 구조이니 식재료의 품질이 떨어지는 일 등이 발생하죠.

백영경 국가 입장에서는 환자에 대한 책임을 비용을 지불하는 것으로 끝내려 하고, 병원을 운영하는 사람들은 환자를 수익 창출을 위한 기반으로 활용하고, 가족들은 자기 가족 구성원에 대한 책임을 시설에 떠넘기는 양상이 아닌가 싶습니다.

백재중 일종의 카르텔이죠. 정신병원의 경우도 일반 병원과 비슷하게 민간병원이 93퍼센트, 공공병원이 7퍼센트를 차지합니다. 민간병원은 환자를 한명이라도 붙들어놔야 백만원이라도 돈이 들어오기 때문에 환자를 지역사회로 보낼 이유가 없습니다. 가족들은 스스로 병원비를 지불해야 하는 구조가 아니고 정부에서 지원해주니까 환자가 병원을 나오면 오히려 경제적으로 부담스러운 상황이 됩니다. 정부 역시 정신장애 환자들이 지역사회에 나오면 따로 돌봄서비스를 마련해야 하는 등 복잡해지니까 인당 비용을 지원해주는 손쉬운 방식을 고수하려 하죠. 이러한 이해관계가 맞물려 현재 상황이 고착되어 있는데 가장 큰 피해자는 누구냐, 바로 당사자분들입니다.

백영경 다른 사람들도 언제든 당사자가 될 수 있는데 말이죠. 청도대남병원 같은 일이 벌어졌을 때 많은 사람들이 이러한 인권 사각지대의 존재에 대해 분노하고 새삼 문제의식을 느끼지만, 사실 우리가 좀더 깊이 성찰해야 할 문제는 이 사태를 배태시키고 유지시키는 사회적 구조인 것 같습니다.

백재중 조현병을 앓는 사람이 전체 인구의 1퍼센트입니다. 거의 모든 나라에서 1퍼센트의 인구가 조현병을 앓기 때문에, 대부분의 사람 주변에 조현병 환자가 있을 거예요. 하지만 알지 못하죠. 알아도 언급을 피합니다. 그러다 어느 순간 이들이 우리 눈에서 사라져요. 시설에 수용되거나 집에 격리됩니다. 때문에 이들을 만나서 대화할 기회가 우린 별로 없어요. 언론에서 보도하거나 재현하는 폭력적인 모습에 익숙해지면 지레 겁을 먹게 되고요. 그래서 조현병 환자는 당연히 격리해야 한다는 인식이 자리잡습니다. 정책적인 변화도 필요하지만 사회문화적 인식도 바뀌어야 하는 이유예요.

유럽은 훨씬 오래전부터 정신질환자를 대상으로 한 시설격리가 시행되어왔습니다. 그러다 1960년대부터 본격적으로 탈시설운동이 시작됩니다. 특히 이딸리아의 경우 바살리아(Franco Basaglia)라는 정신과 의사가 개혁에 앞장섭니다. 당시 유럽의 68혁명과도 밀접하게 연관되어 있고 이딸리아의 자유주의 운동하고도 결합되어 있습니다. 여성운동, 환경운동, 장애인운동 등이 굉장히 활성화되는 시기였는데 바살리아의 탈시설운동도 그 흐름을 타고 활발히 전개되었죠.

1978년 바살리아법*이 통과되었습니다. 지금 우리나라와 비슷

* 당시 이딸리아 정신병원은 대부분은 공공병원으로 바살리아법은 일시에 정신병원을 폐쇄하도록 규정했다. 그 대신에 지역사회 정신보건 시스템을 구축하여 정신장애인들이 지역사회에서 더불어 살아갈 수 있는 기반을 마련하도록 했다. 바살리아법이 시행되고 나서도 70여개소 공공정신병원들이 완전히 폐쇄되는 데는 20여년이 걸렸다.

하게 당시 이딸리아에 7만~8만명 정도의 정신질환자들이 수용되어 있었는데, 법이 통과되면서 기준일 이후부터는 정신병원에 환자를 입원시키는 일이 당장 불법이 되었죠. 그리고 의료 분야에서 NHS[•]법이 도입되는데, 세금으로 의료비용을 전적으로 지원하는 이 법도 1978년에 통과됩니다. 이딸리아 의료 역사에서 아주 획기적인 해예요. 바살리아법을 두고 미친 법(mad law)이라는 여론도 있었어요.

이 법이 통과된 뒤 40여년이 흐른 셈인데 지금까지 두드러진 문제는 나타나지 않고 있습니다. 정신병원이 줄어들자 정신장애인들의 범죄율이 줄어들었고, 강제입원률이 줄어들었고, 관련 비용과 예산도 줄었으며, 자살률도 줄었어요. 전반적으로 사회의 안정성을 높이는 데 기여했다고 볼 수 있죠. 아주 급진적인 방식으로 성공한 사례라고 평가할 수 있습니다.

백영경 이딸리아 사례를 받아들인 다른 나라들은 또 어디가 있나요?

백재중 유럽은 대개 이딸리아와 비슷한 방향을 추구했고 미국은

• National Health Service. 의료비 지불을 세금으로 충당하는 의료시스템을 말하며 영국, 이딸리아가 대표적이다. 이에 비해 의료보험 방식은 세금과는 별도로 건강보험료를 걷어 이것으로 의료비를 충당하는 것이다. 우리나라, 일본, 독일 등이 여기에 해당된다.

다소 다릅니다. 「뻐꾸기 둥지 위로 날아간 새」• 라는 영화를 아시나요? 이 영화가 1970년대에 크게 히트를 치면서 탈시설에 대한 요구가 급격히 늘어납니다. 미국은 기본적으로 의료비가 굉장히 비쌉니다. 정신병원에 환자들이 많아질수록 정부가 부담해야 하는 비용이 늘어나기 때문에, 이 사람들을 내보내자는 판단을 정부에서 하게 됩니다. 지역사회 정신보건 인프라가 제대로 구축되지 않은 상황에서 정신장애자들은 대부분 갈 데가 없기 때문에 노숙인으로, 알콜중독자로, 범죄자로 전락하면서 악순환이 시작돼요. 반면 이딸리아는 이러한 위험을 사전에 인식하고 그에 대한 준비, 즉 지역사회 인프라 정비를 해두었습니다. 정신병원 하나가 폐쇄되면 천여명의 환자가 지역사회로 쏟아져 나올 텐데 이들을 어떻게 관리할지 그 시스템을 구축합니다. 병원에서 나오는 정신장애인들을 지역정신보건센터가 일차적으로 책임지고, 그와 동시에 사회적협동조합에서 정신장애인들을 고용해 주거 문제를 해결할 수 있도록 돕는 시스템이 정착됩니다.

우리나라는 기본적으로 병원 위주, 격리수용 위주의 시스템인데 이딸리아의 사례를 보고 굉장히 놀랐습니다. 그래서 이런 식

• 동명의 소설을 바탕으로 한 영화. 원작소설은 1960년대 미국 히피문화에 큰 영향을 미친 미국의 소설가 켄 키지(Ken Kesey)가 1962년 발표한 데뷔작이자 그의 대표작이다. 정신병원에 수용된 환자들의 저항을 통해 극도로 조직화된 사회를 상징적으로 고발한 문제작이다. 1975년 밀로시 포르만(Miloš Forman) 감독에 의해 영화화됨으로써 세계적으로 알려지게 되었다.

도 가능하다는 인식의 전환을 한국사회에 제안해보고자 이딸리아의 정신보건 개혁 과정을 다룬 『자유가 치료다』(건강미디어협동조합 2018)를 썼습니다. 하지만 정신과 의사들의 반응은 그리 좋지 않았습니다. 수익 문제 때문인지 반대하더라고요. 반면 당사자들이나 당사자 가족들의 반응은 좋았습니다. 당사자 가족 한분은 제 책에 소개된 이딸리아의 사례를 읽고는 전율을 느꼈다고 해요. 정신장애인은 당연히 병원에 입원해야 한다고 생각했는데, 병원에 입원하지 않고도 살 수 있는 세상이 가능하다는 걸 처음 깨달았다는 거죠. 정신장애인은 꼭 시설에 있을 필요가 없습니다. 현재 시설에 있는 정신장애인 7만~8만명 중 증세가 심한 10분의 1 정도만 입원시켜도 되지 않을까 합니다. 나머지는 지역사회에서 살아가게끔 할 수 있어요. 한국은 장애인뿐만 아니라 노인 문제에 대한 정책까지 굉장히 시설지향적인 시스템입니다.

인권의학과 공공의료

백영경 선생님께서는 인권과 의료에 대해 꾸준히 발언을 해오셨는데 인권의 관점에서 의료를 한다는 것은 무엇인지 선생님의 활동을 중심으로 듣고 싶습니다.

백재중 인권의료보다 인권의학이라는 용어를 더 많이 사용하는데요. 내과의사인 이화영 선생님이 그 선두주자로, 미국에 연수 가셨다가 전공을 바꿔 인권 관련 공부를 하고 귀국 후 인권의학연구소를 설립하셨죠. 저도 현재 인권의학연구소 이사를 맡고 있는데, 인권 관련 이야기하고 다닐 때 좋은 타이틀이 됩니다.(웃음) 인권의학연구소는 고문피해자들의 실태조사와 그로 인한 트라우마 치유를 위한 프로그램을 꾸준히 진행해오고 있습니다. 정신장애인 구금 실태조사 등의 연구조사 사업도 했고, 의과대학이나 병원 등 의료계에서 벌어지고 있는 인권침해, 성차별 등에 대해서 조사하고 문제제기도 했습니다. 이런 활동에 저도 영향을 받아서 제가 일하던 녹색병원에 인권치유센터를 만들었습니다. 우리나라 병원에 '인권'이 붙은 부서가 만들어진 최초의 사례예요. 녹색병원에서 이전에도 해온 일입니다만, 투쟁하는 단식환자, 고공농성 환자, 난민 등을 적극적으로 치료했습니다. 또 이런 사례의 환자들이 얼마나 있는지 조사해 통계자료를 만들었습니다.

노동자, 대학생, 장애인 등의 투쟁 현장에서는 최후의 수단이 단식인 경우가 많기 때문에 단식환자가 굉장히 많습니다. 단식 현장에 방문 진료를 나가기도 하고, 단식이 끝난 분들이 병원에 입원하면 건강 체크와 복식 과정을 지원하기도 합니다. 우리나라에서 어느 시기부터 고공농성 투쟁이 증가하는데, 고공에서 이렇게 장기간 농성하는 경우가 해외에는 거의 없습니다. 우리나라의 고공농성은 1년 넘는 일이 보통인데, 한국 특유의 투쟁방식인 고공농성에 대해 녹색병원 인권치유센터에서 조사 및 연구를 꾸준히 해왔어요. 고공농성 투쟁이 끝난 뒤 내려온 환자를 저희가 바로 앰뷸런스로 이송하려고 하는데 경찰이 막으려고 하는 소동이 벌어지기도 했고요. 또 인권치유센터에서는 성소수자, 성폭력 피해자, 트랜스젠더를 위한 의료지원 활동, 병원을 찾아가기 힘든 난민들을 위한 사업도 꾸준히 해왔습니다.

또 의료계 내의 인권문제도 심각하게 고민해온 문제입니다. 의료집단 내 위계질서로 발생하는 인권침해 사례, 의사와 환자 사이의 문제 등 정말 다양한 양상으로 문제적 상황이 벌어집니다. 의료인이 환자한테 인권침해를 가할 수도 있고, 환자가 의료인을 폭력적으로 대하는 경우도 있어요. 후자의 경우는 특히 간호사 등 여성의료인들이 자주 경험하는 문제입니다.

환자나 보호자 입장에서 관심이 많은 수술실 CCTV 의무화는 의료인에 대한 불신에서 비롯된 사안이라고 봅니다. 수술의사 바꿔치기나 비의료인 수술 참여, 수술 중 의료사고 은폐 등이 보도되면서 이에 대한 요구가 증가하고 있습니다. 의료인 입장에서는 노동에 대한 감시의 일종이라고 보고 반발하는 사항입니다. 반면 응급실의 경우는 환자나 보호자 들이 의료인에게 폭력을 행사하는 경우가 종종 발생하기 때문에 대부분 CCTV가 설치되어 있습니다.

백영경 공공병원의 필요성에 대해서는 이견이 없을 테지만 지금의 공공병원이 바람직한 모습인가에 대해서는 이견이 존재할 듯 합니다. 공공병원의 관료화, 비효율성 등이 지적되어왔는데, 지금의 공공병원을 어떻게 바꿔나갈 수 있을까요? 현재 성남의료원은 주민들의 참여 속에 개원을 준비하고 있고, 폐업했던 진주의료원은 공론화 과정을 통해 재개원하게 되었습니다. 이 병원들이 기존 공공병원의 문제를 극복하고 새롭게 탈바꿈할 수 있을까요?

백재중 제가 성남의료원 설립 준비에 참여하면서 가장 많이 고민한 것이 시민들을 개원 과정에 어떻게 결합시키고 참여시킬까 하는 거였어요. 그래야만 혁신과 개혁이 가능하다고 생각했습니다. 옴부즈맨 역할을 할 시민위원회를 조직하고 이것이 형식적 조직에 그치지 않도록 병원 운영에 대한 문제제기가 활발히 이뤄질 수 있는 방안을 제안했습니다.

성남의료원은 병원에 대한 기존의 관념을 깨고 새로운 실험을 해볼 수 있는 모델이었고, 병원 내에 인권센터, 젠더건강센터 등도 가능하지 않을까 싶었습니다. 이제껏 병원이 간과해온 젠더, 인권, 형평성, 돌봄 등의 가치를 실질적으로 내세우고 싶었습니다. 우여곡절 끝에 이것들을 제대로 구현해내지 못한 아쉬움이 남지만 여전히 기대는 있습니다. 주민들이 나서서 공공병원을 만들었다는 점만으로 우리나라 의료 역사에서 하나의 분기점을 이루었으니까요.

진주의료원 역시 재개원 관련 공론화위원회 준비위원과 자문위원으로 참여하면서 가까이서 지켜볼 기회가 있었습니다. 지역주민들의 공공병원에 대한 요구가 굉장히 높아 병원 신설에 대해 도민참여단 96퍼센트가 찬성했습니다. 이러한 도민들의 열의가 앞으로 공공병원의 실제 설립과 운영까지 이어지기를 바라봅니다.

이처럼 시민들이 나서서 공공병원 설립을 견인하는 사례들이 늘고 있지만 기존 공공병원의 모습에서 벗어난 정말로 혁신적인 병원을 어떻게 만들어낼 것인가에 대한 고민은 별로 보이지 않습니다. 앞으로의 과제로 남아 있습니다.

백영경 코로나19 이후 공공병원의 역할에 대해 다시 생각해보자는 사회적 인식이 형성되고 있으니 시민위원회 등을 통해 좋은 방향으로 나아갈 수 있으리라는 바람을 가져봅니다.

백재중 우리 보건의료 운동이 정책과 제도 중심으로 가다보니 현장을 간과해왔습니다. 민간병원의 상업화 문제 등을 막지 못했고, 관련 여론이나 운동의 흐름을 만들어내지 못했습니다. 이제 코로나19 사태로 공공병원의 중요성에 대해서는 많이들 인식하게 되었는데, 민간병원을 어떻게 바꿀 것이냐 하는 문제가 제 고민 중 한가지입니다. 이런 고민을 하다가 2018년 5월 '한국사회적의료기관연합회'를 설립하는 데 이르렀습니다. 의료기관의 사회적·공공적 역할에 가치를 두는 의료기관들의 연대 모임으로 병원, 한의원, 요양원 등 66개 기관이 가입해 있습니다. 예를 들어, 의료 공공성을 높이기 위해 왕진시스템을 도입해야 한다면, 실제로 그것을 해보고 그 경험을 서로 공유하고 확산시키면서 민영화에 대항하는 시스템을 함께 구성해나가려 합니다. 민간의료의 공공성을 고민하고 있는 조직들이 모여서 다양한 프로그램을 개발하고 실험을 해보려는 거죠. 공공병원의 사례들을 참고해야 하는데, 현재 공공병원들도 재벌의 대형병원이나 대학병원을 따라가고 있는 추세이니 새로운 길을 개척해야 하는 상황입니다. 민간에서 이러한 변화를 보이면 오히려 공공병원이 따라올 수 있지 않을까요? 시작은 미미하지만 꿈은 창대하게 꾸고 있습니다.(웃음)

백영경 굉장히 중요한 말씀입니다. 공공병원의 증가도 중요하지만 민간 영역에서 사람들이 기존과는 다른 의료의 모습을 일상적으로 경험하게 될 때, 시민들이 더 좋은 의료를 바라고 지지할 수 있는 세력으로 거듭날 수 있을 것 같습니다.

지역사회에서 커뮤니티케어가 제대로 운영되지 못하는 것에 대해 이 케어를 담당할 주체가 마땅치 않다는 이야기를 많이 합니다. 말씀하신 것처럼 의료 공공성을 고민하는 의료진들이 지역사회에서 활발하게 자리를 잡는다면 커뮤니티케어도 더 좋은 방향으로 나아갈 수 있을 것 같습니다.

가속화되는 고령화 추세 속에서 많은 사람들이 노후에 대한 고민을 하고 있습니다. 어떤 식으로든 새로운 흐름은 일어날 수밖에 없는데, 현재로서는 노후를 의탁할 곳으로 요양원밖에 경험한 것이 없으니 무엇을 원해야 할지 시민들도 막막하게 느껴집니다. 선생님께서 좋은 모델을 만들어서 우리 사회에 제안해주시면 좋을 것 같아요.

백재중 전문가가 주도해온 기존의 병원모델은 한계에 도달했고, 자본의 손으로 넘어가면 더욱 척박해지리란 것도 분명해졌습니다. 결국 시민들이 의료를 전문가들의 영역이나 정부의 소관이 아니라 자신의 영역이라 생각하고 참여를 하셔야 합니다. 요양원이나 정신병원의 인권침해적인 환경 개선, 지역돌봄시스템 구축, 공공병원 설립 등에 대해 관심을 기울이고 적극적으로 요구하고 주도해야 해요. 시민들이 주도하는 의료가 되어야 궁극적인 변화가 가능합니다.

백영경 한국의 의료 문제가 오랫동안 해결의 실마리가 잡히지 않은 채 표류해왔다는 사실은 이미 알고 있었습니다만, 오늘 말씀을 나누다보니 수용시설의 문제처럼 일부 영역에서는 문제의 기원이 식민지시대까지도 거슬러 올라간다는 것을 생각해볼 수 있는 시간이었습니다. 공공과 민간의 구분을 넘어서 시민들의 창의적인 노력을 발판으로 자유와 인권의 문제를 함께 사유하는 흐름을 만들어나갈 때에야만 한국에서 의료개혁이라는 과제의 완수도 가능하지 않을까 싶은데요. 이딸리아의 탈시설운동이 68혁명이라는 사회변혁의 흐름에서 이어진 것이듯, 한국사회에서도 촛불혁명이 의료 문제를 중요한 의제로 인식하고 함께 해결해갈 수 있는 계기가 되지 않을까 기대해봅니다.

대담
최원영

2장

병원의 존재 의미를 묻다

최원영

서울대병원 간호사. 2016년부터 병원 성과급제도 도입이나 간호사 인력 문제 등에 대한 비판의 목소리를 앞장서 내며 간호·의료업계의 문제를 공론화해왔다. 간호사 태움문화 논란 이후로 간호사 노동환경 개선 프로젝트를 추진했고, 낙태죄 폐지를 촉구하는 의료계 종사자를 대표하는 등 노동자이자 여성이자 의료인으로서 적극적으로 행동하고 있다.

의사파업을 거치며

백영경 의료에 대해서 이야기하다보면 대형병원의 문제점에 대해서 많이 지적하게 되는데요, 그래서 서울대병원에서 간호사로 일하고 계시는 선생님을 모시고 이야기를 듣고 싶었습니다. 대형병원에 대해 환자들이 느끼는 불만이 아무리 크다고 해도, 응급환자나 위중증환자를 진료하기 위해 대형병원이 맡아야 하는 역할이 있는 것 같습니다. 흔히 '3분 진료'가 문제라고 말하지만 그럼에도 계속 대형병원에 가시는 분들이 있을 뿐만 아니라 집안에 조금만 중한 환자가 나면 큰 병원을 가고 싶어하는 게 한국의 의료현실이기도 합니다. 또 대형병원의 영리 추구 경향을 비판하지만 현재 존재하는 대형병원을 모두 국유화해서 공공병원을 만든다는 것도 현실적인 방안은 아닌 듯합니다. 그래서 대형 병원에 관한 좀더 구체적인 진단과 전망이 필요할 텐데 우선 대형병원에 무엇을 바라야 할까라는 질문에 대해서조차 합의된 기준이 없는 상황으로 보입니다. 달리 말하면 사람들이 무엇을 간절하게 바라면 이룰 수가 있는데 지금은 무엇을 바라야 할지를 모르는 상태라고 할 수 있을 것 같습니다.

최원영 저는 서울대병원에서 일하는 10년차 간호사입니다. 중환자실과 혈액투석실 같은 특수부서에서 주로 일했고, 짧은 기간이지만 노동조합 전임자로도 일을 했습니다. 그래서 병원에서 좀더 다양한 이야기들을 많이 듣고, 다양한 고민을 할 수 있었던 것 같아요. 사실 의료라고 하면 대부분 사람들이 어렵게 생각하고 전문가들이 알아서 하는 영역이라고 생각하는데, 우주공학이나 천체물리학처럼 영원히 모르고 살아도 지장이 없는 문제는 아니거든요. 살면서 병원을 정말 자주 가잖아요. 본인이 아파서든 가족이 아파서든 지인이 아파서든, 태어나서 한번도 병원에 가보지 않은 사람은 아무도 없을 거예요. 의료 문제는 막상 관심을 가져보면 일반인들도 이해할 수 있는 수준의 이야기들이고 곧 자기 문제입니다. 코로나19로 인해 의료에 대한 관심이 높아진 것은 좋은데, 말씀하신 것처럼 관심만 높고 배경지식은 별로 없으니까 소모전에 가까운 논쟁으로 그치는 게 답답해요. 하지만 가는 길이 아무리 멀더라도 방향만 맞으면 언젠가는 도착

하지 않을까 하는 마음으로 버티고 있습니다. 병원 문제는 굉장히 어려울 것 같고 복잡해 보이지만 사실 단순한 문제이기도 해요. 사람들이 바라는 병원의 모습, 내가 받고 싶은 치료의 모습이 '무슨 색깔 좋아하세요?'라는 질문의 답처럼 각양각색이지 않거든요. 대부분은 덜 아프고 싶고 돈도 덜 썼으면 좋겠고 치료 과정에서 존중받고 싶어해요. 가장 공통적이고 원론적인 것들에 집중하다보면 답이 있지 않을까 생각합니다.

백영경 최근 정부 의료정책에 반대한 의대생들이 국가고시에 단체로 응시하지 않은 일이 있었습니다. 정부에서는 의사 수가 부족하다는 것을 명분으로 해서 공공의대 설립을 추진했는데, 그때는 의사들이 의사 수가 부족하지 않다고 했고요. 이제 의사고시 미응시로 의사 2700명이 줄어든다고 하니 의료계에서는 의사 부족이 큰 혼란을 가져올 거라고 하고, 정부는 문제가 없을 거라고 하니, 듣는 시민들은 매우 혼란스러울 것 같습니다. 이 부분에 대해서 현장에서는 어떻게 느끼시는지요? 의사파업 당시 전공의가 파업에 참여하면서 의료현장에 인력이 부족해 문제가 생겼는지 궁금합니다.

최원영 분명 문제가 있는데 의료현장의 특성상 문제가 빙산의 일각처럼 제대로 드러나지 않았을 거라고 생각해요. 이번 의사파업 때 사망자가 속출하진 않았지만 파업이 꽤 길었기 때문에 나중에 지금 이 시기를 통계적으로 조사해보면 뭔가 드러나지 않을까요? 각 부서마다 체감이 조금씩 다를 수는 있을 거예요. 수술이 다 취소되어서 오히려 더 여유로웠다고 느낀 사람들도 있었고요. 그런데 그 수술 일정이 뒤로 미뤄지면, 또다른 누군가의 수술도 뒤로 미뤄질 수밖에 없습니다. 예방 가능했던 죽음, 질병의 악화 등 통계적으로 유의미한 차이가 있을 것 같습니다.

백영경 코로나19를 두고도 비슷한 이야기들이 나왔습니다. 질병이 있는데도 코로나19 때문에 병원에 못 가거나 검진을 못 받은 경우는 고려하지 않고, 코로나19로 인한 환자와 사망자 통계만 집중해서 내는 게 문제가 될 거라고요.

최원영 그런 인과관계들이 당장 드러나지 않기 때문입니다. 코로나19나 의사파업으로 누가 어떻게 죽고 병증이 어떻게 나빠졌는지는 선명하게 보이지 않거든요. 누군가 그 자료를 모으고 통계를 내고 변수를 조정해야 하는 일이죠.

정부가 내놓은 인력확충 정책에 대해 의사들이 대대적으로 파업한 것에 대해 전국민적인 분노가 일었습니다만 정부의 정책에도 문제는 있습니다. 의료계의 열악한 노동환경을 개선하는 직접적인 개혁이 아니라 단순히 입학정원을 늘려서 의료인을 많이 배출하면 특정 인기 과에 대한 쏠림 현상이나 비인기 과의 미달 현상이 해결되리라는 안일한 생각이 문제입니다. 이렇게 되면 상황이 해결되기는커녕 인기 과의 경쟁이 더 치열해지고 비인기 과는 계속 무너져가겠죠. 의사들은 정부의 이 정책을 막기 위해 의사 수가 충분하다고 주장하는데 한국은 빠르게 고령화사회로 접어들고 있고, 의료에 대한 사람들의 요구도 높아지고 있습니다. 특히 코로나19 같은 전대미문의 감염병 현상으로 의료인력에 대한 수요는 단순히 예측하기 어려워요. 그리고 의료인력은 훈련기간이 매우 길기 때문에 부족함을 인식하고 나서 양성하려고 하면 이미 늦고요. 이렇게 복잡하게 얽힌 상황에서 의사가 충분하다고 의사 수를 늘릴 필요가 없다고 섣불리 말할 수는 없다고 생각합니다.

의사라는 인력의 특수성

백영경 이미 현장에서 의사들이 해야 할 일의 많은 부분을 현행 의료법상으로 불법이기는 하지만 간호사들이 대신 하고 있다, 그래서 병원에 의사가 없어도 된다고 여론도 많아졌습니다. 의사 부족 문제를 해결하기 위한 해법으로 일부 국가들에서 실행하고 있는 것처럼 간호사에게 진료권을 부여하는 전문간호사 제도를 도입하자는 의견도 있습니다. 사실 병원에는 의사뿐 아니라 간호사, 약사, 영양사 등 직역이 굉장히 다양하고, 이분들이 각각 담당하는 역할이 다 중요할 텐데요. 그래도 반드시 의사가 해야 하는 역할은 무엇일까요? 의사가 꼭 필요하긴 한가요?

최원영 속담에 이가 없으면 잇몸으로 산다고 그러잖아요. 그러면 잇몸으로 살면 되는데 왜 사람들이 이를 안 뽑을까요?(웃음) 중환자실에서도 의사가 자리를 비운다고 모든 환자가 갑자기 죽지는 않아요. 간호사가 당장의 상황에 대해서는 대처를 할 수 있겠지만 지속적으로 치료 계획을 세우는 등 간호사가 할 수 없는 영역이 있습니다. 서당 개 삼년이면 풍월을 읊는다면서 경력 있는 간호사가 신입 의사보다 잘한다는 말도 하는데, 그러면 경력 있는 의사는 누가 대체할까요.

신입 의사와 경력 간호사를 비교한다고 할 때, 아무리 경력이 짧아도 의사로서 전문적인 훈련을 받은 사람과 의사가 하던 것을 옆에서 지켜보기만 했던 간호사는 차이가 날 수밖에 없습니다. 저도 중환자실에서 오래 일했지만 의사가 하는 고위험 술기를 직접 해본 적은 한번도 없어요. 옆에서 지켜본 것만으로는 수술을 집도할 수 없고, 책임질 수도 없어요. 제가 운전면허도 없는데 조수석에 타본 경험만으로 운전을 할 수 없는 것과 같은 이치죠. 운전을 할 사람이 전혀 없으면 급할 경우 운전을 할 수 있겠지만 안전을 보장할 수는 없어요. 운 좋게 사고가 안 날 수도 있지만 사고가 나서 같이 탄 사람 전부가 죽을 수도 있는 문제죠. 그러니 쉽게 이야기할 문제는 아닌 것 같습니다.

백영경 한국 의료 전체의 문제가 그런 것 같기도 합니다. 고쳐야 할 현장의 문제들이 산적해 있는데 그 문제들을 근본적으로 해결하기보다 땜질하듯이 고쳐온 역사가 쌓여서 지금의 의사파업, 코로나19 상황에서의 인력부족 문제 등을 낳은 것 같습니다. 그래도 의료에 대해 관심이 높아지고 공공의료에 대한 필요성을 느끼는 이 시점이 해결을 모색하는 기회가 되어야 하지 않을까요? 이 시기를 놓치고 나면 어려움이 더 커질 것 같습니다. 땜질한 역사가 너무 길다보니까 특히 의사교육 문제는 어떻게 해결할지 앞이 안 보인다고 하더라고요.

최원영 전공의협의회•에서 수련환경 개선, 양질의 교육에 대해 계속 요구하고 있어요. 꼭 전공의뿐만 아니라 간호사 등 의료인 양성교육 자체에 대한 문제의식이 있습니다. 교육기간이 짧고 교육이 부실하다는 인식이 강합니다. 수련과정에 있는 전공의들이 제대로 된 전문의가 되기 위한 교육을 받는 데 집중을 하느냐 하면 그렇지 못하거든요. 제가 병원에서 지켜봤을 때 전공의들은 교육을 받는다기보다는 착취적인 노동에 시달리고 있어요.

백영경 의사고시에 응시해야 할 의대생 본인들은 정작 국가고

• 대한전공의협의회. 병원에서 수련과정에 있는 인턴, 레지던트를 통틀어서 전공의라고 부른다. 대한전공의협의회는 전공의들의 수련환경이나 권익을 위해 활동하는 협의회다.

시 응시 허용 문제에 대해서 적극적이지 않은데, 병원장들이 나와서 대국민 사과를 하고 이들에게 응시 기회를 부여해달라고 간청하는 것에 대해서 의대생들은 사과할 줄도 몰라서 교수들이 대신 한다고 욕을 많이 먹었는데요. 사실 이건 누가 더 아쉬운지를 보여주는 사건이라고 할 수 있을 것 같습니다. 말이 수련과정이지 전공의들은 병원에서 값싼 노동력 취급을 받고 있고, 환자들에게는 진짜 의사는 아니잖냐는 소리를 듣기 일쑤인데요. 이런 열악한 상황도 전공의들의 불만이 파업으로 이어지는 데 기여했을 것 같습니다.

최원영 전공의들은 병원 입장에서 의사면허가 있는 싼 노동력이죠. 실제로 전공의 시급은 최저임금에 가깝습니다. 월급이 300만~400만원 정도인데 일하는 시간이 주당 80시간이에요. 과장이 아니라 법이 정한 전공의 근무시간이 80시간•이에요. 시간으로 나누면 딱 최저임금입니다. 최저임금으로 부릴 수 있는 의사는 전공의밖에 없어요. 병원엔 의사면허를 가진 이만 할 수 있는 일들이 있는데, 병원에서 불법을 감행하고 PA를 채용하기도 하죠.

• '전공의의 수련환경 개선 및 지위 향상을 위한 법률'에 따르면 전공의 근무시간은 80시간으로 제한되어 있고, 교육 등의 목적일 때 8시간의 연장이 가능하다. 이 법은 김용익 등 새정치민주연합 의원 11명이 19대 국회에서 발의한 것으로, 기존 주당 100시간이 넘는 전공의 수련환경을 개선하여 전공의 인권 보호 및 환자 안전을 도모하고자 한 법률이다. 2016년 12월 23일부터(다만, 수련시간 등에 관한 규정은 2017년 12월 23일부터) 시행되었다.

PA는 'Physician Assistant'의 줄임말로, 직역하자면 의사를 보조하는 사람이라고 할 수 있는데 대부분 간호사들로 이뤄져 있습니다. 처방전 작성이나 간단한 시술 등 의사면허를 소지한 사람이 해야 하는 일임에도 의료법을 위반해가며 PA에게 시키는 곳이 많습니다. 병원 내 의사인력이 부족해서 나온 현상이라고 볼 수 있습니다. 하지만 아무리 불법을 감행해도 지나치게 선을 넘는 의료행위를 할 사람은 구하기 힘들어요. 의사가 아닌 사람에게 시키기엔 꺼림칙하고 애초에 불가능한 일들도 있고요. 이런 일은 전공의들이 할 수밖에 없죠.

백영경 전국 의대생들이 집단으로 의사 국가시험을 치르지 않아서 내년 전공의 배출규모가 2700명가량 부족해진다면 싼 노동력의 수급에 문제가 생기니까 답답한 건 대형병원이겠네요.

최원영 엄청 답답하죠. 80시간 일하던 인력이 한명 줄어들면 최소 두명을 뽑아야 하고, 월급도 최저임금을 줄 수는 없으니까 인건비도 거의 배가 듭니다. 그다음 해부터는 다시 전공의가 늘어날 테지만 그렇다고 신규 채용 인력을 1년 계약하고 자를 수도 없으니 병원 입장에서는 여러모로 곤란한 상황인 거죠. 응시를 포기한 학생들도 괜찮지만은 않을 거예요. 아예 의사를 포기하거나 전문의를 따지 않을 게 아니라면 이듬해에 각 전문의 과정 지원자들이 배가 되니까요. 단순히 계산하면 경쟁률이 높아진

만큼 탈락자가 많이 생길 텐데, 지원한 과에 떨어졌다고 해서 이들이 갑자기 관심 없던 과로 지원하진 않을 거예요. 평생을 좌우할 수 있는 문제니까요. 인기 과의 정원이 넘쳐서 밀려난 인원이 다른 과로 흘러 들어가는 낙수효과가 있을 순 있지만, 정원 미달이던 비인기 과가 꽉 차진 않을 거예요. 떨어진 이들은 1년 쉬고 다음 해에 다시 응시할 가능성이 높죠. 이런 식으로 조금씩 뒤로 밀리는 사람들이 생길 수밖에 없습니다.

하지만 가장 답답한 건 아무래도 병원이겠죠. 모자라는 인력을 전문의로 채우면 되지 않느냐 하는데, 서울대병원의 경우 전문의 한두명 티오가 나도 못 뽑는 경우가 많습니다. 연봉을 1억 이상 준다고 해도 단기간 계약직이면 경력에 도움이 되지 않기 때문에 대부분이 오지 않아요. 어딜 가도 그 정도 돈은 받을 수 있고 지방에 가면 더 받는데, 굳이 서울대병원에서 1년 동안 전공의를 대신하는 일을 왜 하겠어요. 자신의 실력 향상에도 도움이 안 되고, 나이만 한살 더 먹는 거죠.

백영경 지방 교육청에서 연봉 2억 3천만원을 제안하고 의사를 뽑으려 했는데 뽑지 못했다고 합니다. 이 기사에 도대체 얼마를 줘야 가겠냐는 비난성 댓글이 달렸는데, 정작 의사들 이야기를 들어보면 지방 교육청에서는 의사 한명 뽑아놓고 도 전체 학생들의 정신건강을 책임지게 한다고 합니다. 지방 병원에 가는 경우에는 같은 전공으로 교대할 의사가 없어 24시간 계속 대기해야 하고, 그만두고 싶으면 대타 의사를 직접 구해야 하고요. 여러모로 힘든 자리기 때문에 안 하는 것이지 꼭 돈 문제 때문만은 아니라는 거죠.

최원영 더 많은 돈을 바라서 지방에 가지 않는 것이 아니라, 지방까지 내려가지 않아도 먹고사는 데 지장 없을 정도로는 버니까 굳이 내려가지 않는 거죠. 자녀교육 등이 모두 대도시에서 이뤄지는데 지방에 혼자 내려갈 이유가 전혀 없는 거예요. 지방으로 가면 의사는 급여가 더 높아지는 반면, 간호사는 더 낮아집니다. 그러니 의사 입장에서 보면 간호사도 없고, 자신을 대체할 의사도 없고, 의사 한명에게 부과되는 책임이 지나치게 높은 이런 환경에는 안 가죠.

수도권 쏠림 현상은 의사뿐만 아니라 사회 전반적인 현상인데, 지방에 의사가 부족한 문제를 단순하게 의사들의 이기심 때문으로만 해석해서는 안 됩니다. 지방에는 여전히 더 많은 의사가 필요하고, 높은 연봉만으로는 의사들을 데려올 수 없다는 것이 증명된 거잖아요. 그럼 정책을 책임지는 사람들은 어떻게 하면 의사들이 지방으로 가려고 할지, 의사들이 일하고 싶은 환경은 무엇인지에 대해 고민해나가야지 단순히 의사들을 손가락질한다고 해결될 일이 아닙니다. 그렇게 시간을 끌어봤자 고통받는 건 지방에 있는 환자들입니다. 특히 치료를 위해 서울로 갈 수 없는, 당장 치료가 필요한 응급환자의 경우 더 큰 피해를 보겠죠.

백영경 그런데 소위 전공의 특별법에서 주당 근무시간을 80시간으로 제한한다는 규정은 어떻게 해서 만들어진 것인지요? 80시간까지 근무가 허용되는 직역은 거의 없는 것 같은데요.

최원영 전공의는 노동뿐 아니라 수련도 한다는 특수한 환경에서 적용되는 노동시간인데, 그나마 줄어든 게 80시간이에요. 원래 100시간이 훨씬 넘었거든요. 미국이 수련의 노동시간을 최대 주 80시간으로 제한하고 있는 것의 영향도 있고, 80시간보다 더 줄이려고 했을 때 병원장들의 반발이 컸다고 합니다. 최대 80시간으로 제한하고 있는 규정인데, 실제로 병원에서는 80시간을 기본으로 생각해서 몰래 더 시키고, 이런 위반 사실이 적발되더라도 처벌이 제대로 이뤄지지 않거나 미약한 것이 현실입니다. 2019년 가천 길병원의 전공의 신형록씨가 과로로 당직실에서 사망한 채 발견되었는데, 그분 실제 노동시간이 주 110시간이었어요. 이 일로 병원은 고작 벌금 500만원을 선고받았습니다.

병원이 이렇게 터무니없이 적은 인력으로 병원을 운영할 수 있는 것은 굳이 강요하지 않아도 자발적으로 일할 수밖에 없는 의료노동의 특수성 때문이에요. 병원에서 우리가 다루는 것은 생명이니까, 꼭 내가 슈바이처 같은 헌신적인 의료인이 아니더라도 법적 책임으로부터 나를 보호하기 위해서라도 생명을 경솔하게 다룰 수 없는 거예요. 예를 들어 6시가 퇴근시각인데 5시

55분에 간호사가 와서 환자의 출혈 징후를 알려줘요. 그럴 때 5분 뒤 퇴근이니 알아서 하라고 할 수가 없다는 거죠. 80시간을 넘기지 말라고 해도 울며 겨자 먹기로 남아서 일할 수밖에 없는 구조입니다. 왜 간호사들이 물도 못 마시고, 화장실도 못 가고, 바지에 생리혈이 묻은 채로 일을 하겠어요. 모든 간호사나 의사가 희생정신이 넘쳐서가 아니라 안 할 수가 없기 때문이에요. 혹시라도 잘못하면 살인을 할 수도 있으니까요. 스스로를 갈아넣을 수밖에 없다는 걸 병원에서도 너무 잘 아니까 터무니없이 적은 인력으로 운영하고, 의료인들은 문제를 일으키지 않으려 자신의 자리에서 혼신의 힘을 다합니다.

백영경 의사파업 사태를 지켜보시면서 누구도 시스템을 고칠 생각을 하지 않고, 상대방의 잘잘못만 지적하는 현실이 답답하셨을 것 같습니다.

최원영 예를 들어 된장찌개에 소금 대신 설탕을 실수로 잔뜩 넣었다고 해요. 물을 타고 소금을 더 넣는다고 해서 된장찌개가 살아날 수 있을까요? 설탕을 쏟았으면 새로 끓여야 하는데 계속 된장을 더 넣고, 물을 더 넣고, 호박을 넣고 하면서 엉망진창이 되는 거예요. 지금 의료계를 둘러싼 상황이 그런 것 같습니다.

의사들의 요구 중에 경청할 만한 것들도 있습니다. 의사들이 모두 자신의 이익만을 추구하는 것은 아니거든요. 의사들이 의료수가가 낮아서 치료를 할수록 적자라고, 수가를 올려달라는 말을 정말 많이 하는데요. 사람들은 '손해면 진작 병원문 닫지, 왜 계속 운영하고 있느냐'며 의사들이 돈 더 벌려고 수작 부린다고 생각하죠. 반은 맞고 반은 틀려요. 모든 과의 모든 치료가 적자인 것은 아니에요. 적자인 곳도 있고 흑자인 곳도 있죠. 그러니까 어떻게든 병원이 유지되고요. 그리고 이게 문제의 핵심입니다. 회사를 경영하는 입장에서는 적자인 곳을 닫고 흑자인 곳을 키우면 되지만 병원은 그럴 수 없거든요. 만약 적자인 곳을 다 없애면 서울대병원은 중환자실, 어린이병원, 호스피스병동 등을 차례차례 닫아야 할 거예요. 그래서도 안 되고 그건 불가능하잖아요. 그 대신 병원은 아무리 필수의료 분야라 해도 적자가 나는 부서라면 투자나 인력을 줄이게 됩니다. 이렇게 의료가 왜곡되는 것을 막기 위해서는 의료수가를 조정할 필요가 있습니다. 이처럼 설령 의사들의 요구가 그들의 이익에 도움이 된다 하더라도, 꼭 밥그릇을 챙기려고 하는 것만은 아니에요. 누군가가 망한 된장찌개를 버리고 새로 끓이자고 말할 때는, 자신이 그 된장찌개를 먹기 싫어서이기도 하겠지만 그 말 자체는 맞잖아요. 그런데 의사가 하는 말은 콩으로 메주를 쑨다 해도 못 믿는 거죠.

백영경 그건 한국 의사의 업보죠.

최원영 그동안 의사라는 직군에 대해 우리 사회가 쌓아온 경험과 편견이 작용하는 거겠죠. 하지만 단순하게 볼 문제는 아닌 것 같습니다. 의사집단 내부에도 엄청나게 다양한 사람들이 있습니다. 십몇만명의 의사가 다 모래알은 아니고, 모래와 쌀이 섞여 있어요. 그런데 사람들은 모두 모래라고 생각하는 거죠.

백영경 최근 카드뉴스•를 통해 의사들의 엘리뜨의식이 노골적으로 드러난 적이 있었죠. 의사들은 자신들이 학교 다닐 때 공부를 잘했으니 모든 문제를 다 잘 안다고 착각하는 경향이 있는 듯합니다.

최원영 네, 보상심리도 강한 것 같습니다. 어찌 보면 우물 안 개구리일 가능성이 높아요. 한 분야의 전문가가 되려면 1만시간을 써야 한다고 하는데, 의사가 되기 위해 강도 높은 훈련과 공부를 하느라 시간을 쓰다보면 다른 것에 신경 쓸 시간이 부족하잖아요. 예전에는 주에 110시간, 120시간을 예사로 일했으니 세상에 대한 관심이나 인식이 더욱 없었겠죠. 병원에서 오래 일하다보면 확실히 감각이 좀 달라지는 것 같습니다. 저도 환자의 죽음을

• 2020년 9월 대한의사협회 의료정책연구소가 '어떤 의사를 고르겠냐'며 공식 페이스북 계정에 올린 홍보물이 의사의 자질을 단순히 성적으로 평가하는 엘리뜨주의적 인식을 드러내며 사회적 논란에 휩싸였다. 이는 정부가 추진 중인 공공의대 설립을 둘러싸고 논란이 이어지는 가운데 의협 의료정책연구소 측이 공공의대 설립을 반대하는 취지로 제작한 것이다.

대하는 태도가 병원 안과 밖에서 온도차가 있다고 느끼거든요. 병원 밖에서는 누군가의 죽음이 굉장히 큰 사건으로 다가옵니다. 하지만 대형병원에서는 죽음이 아주 흔한 사건이에요. 그래서 큰 병에 걸린 사람을 봐도, 더 큰 병에 걸린 사람을 흔히 보기 때문에 환자의 고통에 연민이나 공감이 충분히 들지 않을 때도 꽤 있어요. 심지어 죽음을 맞이한 환자나 가족한테도요. 그것은 환자에게나, 그렇게 무뎌지고 인간다움을 상실해가는 의료인 모두에게 불행인 것 같습니다. 그 점을 우리가 스스로 자각하고 그렇게 되지 않도록 시스템을 만들어나가야 하는데, 직업이고 맨날 보다보니까 무뎌지는 거죠.

병원이 돈을 버는 곳이어서는 안 된다

백영경 이렇게 복잡한 의료체계, 뭐부터 해결해나가면 좋겠다고 생각하세요?

최원영 일단 병원이 너무 많은 것이 가장 큰 문제인 것 같습니다. 파출소나 소방서처럼 병원은 거리와 접근성이 가장 중요해요. 정말 필요한 자리에 병원이 있어야 하는데, 우리나라에서는 돈이 될 것 같은 자리에 병원이 몰려 있습니다. 빌딩 하나에 이비인후과가 몇개씩 있고, 서로 경쟁하느라 필요 이상으로 고가의 장

비를 들여놓죠. 인구에 대비해 필요한 만큼의 병원이 고르게 자리하는 것이 가장 중요하고 필요한 일입니다. 그러려면 파출소나 소방서를 짓는다는 개념으로 정부 주도하에 공공병원이 지어져야 한다고 생각해요. 병원은 환자들이 접근하기 좋은 곳에 있어야 해요. 전라도 같은 지방은 의료시설을 이용할 인구는 적지만 심장질환 관련해 한시간 내로 갈 수 있는 병원이 있어야 합니다. 소방서나 파출소를 수지가 안 맞는다고 설치하지 않거나, 서울에 몰아넣지 않는 것처럼요.

수익을 내기 위해 환자들에게 불필요한 수술이나 수액치료, 투약 등 과잉진료를 일삼는 병원이나 극도로 적은 의료진과 의료인 면허가 없는 사람들의 불법 의료행위로 위험하게 운영되는 병원들은 제대로 환자를 돌볼 수 없고 환자에게 오히려 해가 됩니다. 한편 환자에게 큰 해가 되지 않더라도 의료자원을 낭비하게 하는 경우도 있죠. 예를 들어 아픈 데 없이 멀쩡한 사람들을 병원이 돈을 벌기 위해 입원시켜놓는 곳도 있어요. 교통사고 피해자 중에 자동차보험으로 입원 중이거나 실비보험으로 본인부담금이 없는 사람들에게 과잉진료를 하고, 이들을 장기로 입원시켜서 돈을 버는 병원들은 의료자원을 갉아먹는 거죠. 그리고 기초생활수급대상자처럼 의료급여 수급권자라서 본인부담금이 없는 사람들 중에 의료적인 치료가 아니라 단순히 지낼 곳이 필요한 사람들이 있습니다. 사실 다른 형태의 사회적 돌봄이 필요한 사람들인데도, 사회적 안전망이 없으니 치료가 필요하지 않지만 입원의 형태로 지내고 있습니다. 이런 경우에는 이들이 먹고 자는 데 필요 이상의 사회적 비용이 지출되는 거죠.

이런 식으로 돈을 벌고 있는 병원들은 잘못되었지만 이 병원들을 무작정 문 닫게 할 순 없습니다. 의사들도 납득할 수 있게 병원을 인수하거나 다른 용도로 사용할 방법을 찾아야 합니다. 빠르게 고령화가 진행되고 있는 한국사회에서 돌봄시설도 많이 필요한 상황이니까요. 의사들도 함께하고 싶은 마음이 들게끔 변화가 일어나야지, 무작정 공공을 위해서 희생하고 손해를 감수하라고 그들에게 요구하면 당연히 반발이 일어날 수밖에 없습니다. 의사들이 집단으로 크게 반발했던 정책으로는 의약분업, 원격의료, MRI·CT 급여화, 그리고 최근 공공의대, 첩약급여화• 등이 있습니다. 사실 각 정책의 목적은 국민을 위한 것이라고 포장되어 있어서, 표면적으로는 공공을 위한 것을 의사들이 사익 때문에 반대하는 것처럼 보입니다. 그런데 각 정책의 실효성이나 장단점에 대해서는 의견이 분분하고, 다양한 배경과 이해관계에 있는 의사들이 집단으로 반발에 이르게 된 것은 단순히 밥그릇 문제 때문이 아니라 분명 현실적으로 우려되는 지점이 있기 때문입니다.

• 한의원에서 처방받는 한약을 건강보험을 통해 급여화하는 것으로 정부가 추진하는 4대 의료정책 중 하나다. 의료단체는 첩약급여화 사업과 관련해 건강보험 재정건전성, 건강보험 급여화 원칙과 우선순위의 문제, 안전성과 유효성에 대한 검증 미비 등을 이유로 반발하고 있다.

의료 문제의 가장 큰 근원은 공급자와 수요자의 지식 차이가 현저하다는 것입니다. 이를테면 커피는 맛없으면 사람들이 안 가서 그 가게는 자연히 문을 닫게 되지만 병원은 공급자가 수요를 창출할 수 있어요. MRI 사진 보면서 의사가 수술을 해야 한다고 하면 누가 그걸 거절할 수 있을까요. 그래서 병원은 과잉되게 존재해도 돌아가고 돈을 벌어들입니다. 그렇기 때문에 저는 병원이 궁극적으로는 돈을 버는 곳이어서는 안 되는 것 같습니다. 소방서나 파출소처럼 필요한 곳에 있고 시민의 안전과 건강을 위한 공공의 시설이 되어야 해요. 불이 나면 119를 부르고 누구나 소방서의 노동력과 자원을 쓸 수 있듯이 병원도 그렇게 변해야 한다고 봅니다.

백영경 저도 무상의료의 필요성에 대해 동의합니다. 다만 무상의료 논의의 걸림돌 중 하나가 무상의 범위에 대한 합의를 보기가 어렵다는 것입니다. 많은 한국 사람들이 일단 병의 위중함과 무관하게 큰 병원을 선호하고, 의료적 필요성과 무관하게 원하는 검사를 받고 싶으면 받아야 하며, 신약에 높은 기대를 거는데요. 이는 그동안 의료전달체계가 제대로 작동을 하지 않아왔고, 환자들이 믿고 상담할 수 있는 주치의제도가 갖추어지지 못한 탓이겠지만, 어쨌든 상업적 의료서비스에 대한 수요가 매우 부풀려져 있는 상황이고 그것에 제약을 가하는 것에 대해서도 반발이 큽니다. 결국 적정의료의 범위를 판단해줄 믿을 만한 의사가 필요하고, 의료수요를 적정선에서 커트해줄 게이트키퍼가 필요한 것 같습니다.

최원영 네, 그런 게이트키퍼가 없는 것도 수많은 문제 중의 하나입니다. 사람들이 3차병원으로 곧바로 가는 것을 막기 위해 좀더 높은 의료비가 책정되어 있지만 전혀 게이트키퍼의 역할을 못하고 있죠. 만원 더 비싸다고 사람들이 대학병원에 안 가지 않거든요. 정말 돈 때문에 안 가게 하려면 터무니없이 비싸야 해요. 대학병원 한번 가는 데 천만원씩 든다고 하면 대학병원 안 가겠죠. 하지만 앞서 말씀드린 것처럼 의료가 마치 커피처럼 소비자가 자신의 지식과 취향으로 선택할 수 있는 문제가 아니니까, 정말 대학병원의 진료가 필요한 사람이 돈 때문에 못 올까봐 그렇게 하기 어려운 거죠.

의료라는 게 굉장히 애매한 부분이 많아요. 의사가 내린 판단이 백퍼센트 옳다고 할 수 없고 아주 적은 확률로 틀린 결정을 내릴 수도 있어요. 또 그 판단이 나중에 결정적인 오진으로 판명날 수도 있고요. 의료의 이런 특성을 고려해서 의사의 재량권을 인정해주는 한편 보호해줄 필요도 있습니다. 의사도 사람인데 위험한 판단을 내렸다가 누군가의 인생이 그리고 자신의 인생이 망할 수 있다면 얼마나 두렵겠어요. 2016년에 교통사고로 중상을 입은 두살배기 남아가 종합병원 10여곳에서 수술이 불가능하다고 거부하는 바람에 뒤늦게 수술을 받았지만 목숨을 잃은 사건이 있었습니다.• 소아환자를 제대로 치료할 수 있는 여건이 안 되는 병원 입장에서는 그 아이를 받으면 그 일로 생기는 모든 문제에 책임을 져야 하니까 가급적 안 받으려는 거예요. 물론 더 잘 치료할 수 있는 병원에 가는 게 아이에게도 더 안전한 일이고요. 그런데 문제는 아이들은 전국 방방곡곡에 있지만 전문 어린이 병원이 규모 있게 갖춰진 곳은 사실 서울대병원밖에 없어요. 아이들은 체구가 작아 성인에게 쓰는 기구나 설비를 병용해서 쓸 수가 없기 때문에 병원들에서 투자를 하지 않습니다. 그러니 어린이 응급환자가 들어왔을 때 실제로 수술할 수 있는 병원이 별로 없고, 그나마 가능한 병원도 아이의 생존 가능성이 높지 않을 경우에는 자칫 아이도 못 살리고 몇억이 걸린 소송을 당할 수도 있으니 환자를 받지 않겠다는 판단을 내리게 됩니다. 어떻게 의사가 그럴 수 있느냐 하겠지만 누구라도 그 상황에서는 같은 판단을 내릴 거라고 봐요.

한국에서는 의사의 오진에 대해 특히 가혹한 것 같습니다. 의사의 명백한 실수임이 드러난 사안에 대해선 마땅히 처벌해야겠지만, 판단이 애매모호한 문제일 때 형사처벌을 하는 것은 문제예요. 단지 의사들이 억울할 것이라서가 아니라 이런 처벌로 인해 의사들이 방어진료를 하게 될 가능성이 높아지기 때문입니

• 「병원들 치료 거절 … '교통사고 중상' 두살배기 사망」, 『중앙일보』 2016년 10월 7일(https://news.joins.com/article/20691893).

다. 좀더 적극적으로 대처했으면 살 수 있었던 사람들이 죽게 될 수도 있는 거죠. 그런데 이런 문제는 크게 드러나지 않아요. 죽게 될 만한 상황이었는지 본인은 몰라요, 주변에서도 모르죠. 대부분의 일반인들은 의료지식이 없기 때문에 그 경우에 다른 대처를 했으면 살았을 거라고 판단할 수 있는 사람은 거의 없거든요. 저는 이런 상황들이 무척 우려스럽고 안타까워요.

적당한 규모의 병원이 적당한 위치에 있고, 병원에서는 의료인들이 환자 치료 이외의 것들을 고민하지 않아도 되는 환경이 되었으면 좋겠어요. 이를테면 '이 약 무척 비싼데 써도 될까?' 하는 고민요. 환자를 위한 의료적 판단 외에 경제적인 기준으로 저울질했을 때 결국 하지 않게 되는 선택들이 있습니다. 예를 들면 심정지 후에 회복된 환자의 뇌손상을 줄여주기 위해 저체온요법을 하는데, 저체온요법을 얼음팩 등으로도 할 수 있지만 더 효과적으로 할 수 있는 기계•가 있어요. 그런데 이 기계를 쓴다고 뇌손상이 백퍼센트 막아진다거나, 안 쓴다고 뇌손상이 백퍼센트 오는 건 아니에요. 단지 뇌손상이 줄 가능성이 조금 높아지는 거죠. 그런데 이 세트 하나를 뜯어서 쓰는 비용이 백만원이 넘기 때문에 보호자에게 쓸지 말지를 물어봐요. 보호자한테도 괴로운

• 환자 체온을 낮춰 심정지 환자의 뇌세포 손상을 최소화하는 저체온 치료기기 '아틱선'(ArcticSun)은 높은 의료비 부담으로 저체온 치료가 꼭 필요한 환자들에게도 사용이 제한적이었으나 2019년부터 보험급여가 적용되어 본인부담금이 줄어들었다.

선택이 되는 거죠. 그런데 아까도 말씀드렸듯 환자를 기본에 놓고 무엇이 환자를 위한 최선인가, 병원은 그것만 고민하는 곳이 되어야 한다고 생각합니다. 물론 예산의 제약을 받을 수밖에 없죠. 터무니없이 환자에게 오리털 침구, 최고급 비단을 제공하라는 게 아니에요. 세부적인 범위는 계속 조율해나가야겠지만 그 방향을 놓치지 말자는 거죠. 무엇이 환자에게 가장 안전하고 환자의 치료에 도움이 될까를 고민하고, 치료과정에서 한 인간의 삶이 존중받지 못한 채 마지막 순간이 비참하게 끝나지 않기를 바란다는 거죠. 이런 것들을 지키는 데 동원 불가능할 정도로 엄청나게 많은 자원이 필요하지는 않을 거라 생각합니다.

백영경 시민들이 반드시 누려야 할 권리로서 필수의료란 무엇인가라는 문제부터 시작해서, 어떤 의료에 우선순위를 두어야 할지에 대해서까지 방향이 점점 잡혀나가면 병원의 과잉의료도 줄어들 수 있을 것 같습니다. 지금의 대형병원은 오직 수익성을 위해 운영되고 있다고 해도 과언이 아닌 것 같습니다. 병원들이 장례식장 같은 부대시설을 운영하여 수익을 챙기는 모습도 익숙하고요. 병원들은 낮은 수가로 인한 손실을 메우려면 어쩔 수 없다고 하는데요. 그럼에도 불구하고 환자들을 수익의 대상으로만 본다는 비판이 많습니다.

최원영 수가보존율이 모두 마이너스는 아닙니다. 어떤 치료는 실제 진료비의 90퍼센트, 어떤 진료는 120퍼센트 수준으로 수가가 지급돼요. 병원은 본인들이 손해를 많이 보는 진료의 수가를 부각하면서 수가 인상을 요구하고, 정부는 병원 말이 사실이면 모든 병원이 진작에 망했어야 한다면서 사실을 부풀려 왜곡하지 말라고 주장하죠.

병원에서는 수익을 내기 위해 장례식장 등을 운영하거나 의사들에게 실적을 압박하는데, 어떻게든 살려고 이런 일을 한다고 생각해요. 의사들도 불필요한 치료를 권하는 게 즐겁거나 좋진 않을 거예요. 지금의 병원은 수익을 내야 살아남을 수 있는 구조니까 어쩔 수 없이 하는 거죠. 그러니까 의료진들이 헌신적이고 희생적이고 올바르기만을 기대하기보다는, 그들 자신의 필요에 따라 일하고 움직여도 문제없이 굴러가는 시스템을 만들어야 합니다. 굳이 무리해서 수술을 많이 하지 않아도 된다면 대부분의 의료진은 안 그러지 않을까요.

백영경 수술을 많이 하다보면 확실히 사고도 나는 거 같아요. 비싼 기계를 들여놓고는 본전을 뽑기 위해 빨리빨리 돌리고, 다시 새 기계를 들여놓고, 병원들끼리 장비경쟁을 계속하는 거죠.

최원영 그렇습니다. 유명 의료기기 회사들이 우리나라에 정말 많이 들어와 있어요. 불필요한 군비경쟁을 하듯이, 다른 병원에서 새 장비로 손님 쫙 끌어가니까 기존 설비로도 충분히 할 수 있는데 새 기기를 들여놓죠. 불필요한 의료행위로 낭비되는 돈들이 너무 많습니다. 이 돈을 공공의료를 실천하는 데 끌어들일 방안을 고민해야 해요.

의료진의 과도한 노동은 환자의 생명을 위협한다

백영경 의사파업의 상황에서도 볼 수 있듯이 지금부터 수련을 받고 의료현장으로 진출하게 되는 젊은 의사들은 이미 자리를 잡은 의사들보다도 훨씬 지금의 진료환경을 견디기 어려워하는 것 같습니다. 열악한 노동조건과 불투명한 미래, 의사에게 적대적인 환경이 자신들을 기다리고 있다고 보는 것 같아요.

최원영 맞습니다. 예전보다 진료환경이 좋아졌다고 말하는 의사들도 있지만 사실 고위험 의료기기 이용률이 200~300퍼센트씩 증가했습니다. 제가 신입 간호사일 때인 10년 전만 해도 에크모* 는 들어온다고만 해도 호들갑 떨 정도로 드문 기계였는데, 지금은 흔해졌어요.

백영경 생명윤리 영역에서도 에크모를 단 채 목숨을 유지하는 사람의 죽음은 어떻게 판정할지 논란이 될 만큼 사례가 많아졌다고 합니다.

최원영 고위험 의료기기가 많아지고 기기가 복잡해질수록 노동의 측면에서는 의료환경이 더 나빠질 수밖에 없습니다. 좀 잔인하게 들릴 수도 있지만 예전의 의료환경에서는 돌아가셨을 분이 에크모로 인해 살아 있으니까 중증인 환자들이 더 많아진 거죠.

* ECMO, Extracorporeal Membrane Oxygenation. 심장과 폐의 기능을 대신해서 혈액을 환자 몸에서 빼낸 후 체외 산화장치에서 산소를 혈액에 주입하고 혈액에 있는 이산화탄소를 제거해서 혈액을 다시 환자 몸속으로 돌려보내는 장치이다. 과거에는 인공호흡기나 심폐소생술로도 처치가 안 될 만큼 심장이나 폐가 마비되거나 정지되면 사망할 수밖에 없었는데, 최근에는 인공심폐기를 응용한 에크모를 통해 심부전증, 폐부전증 환자의 생존 가능성을 높이고 있다.

에크모를 쓰면 1분에 몇리터씩 매우 빠른 속도로 피가 나가고 들어가기를 반복하기 때문에 굉장히 많은 주의가 필요하고, 항응고제도 지속적으로 투입해야 해서 정기적으로 검사도 해야 하는 등 손이 많이 가요. 단순하게 비교해서 감기 환자 세명 보는 것과 에크모 환자 세명 보는 것은 완전히 다르죠.

백영경 일반인들은 기계를 쓰면 편해질 거라고 생각하기 쉽거든요. 정작 의료현장에서는 환자들이 점점 고령화되고 첨단기계가 들어올수록 업무가 훨씬 복잡해지고 노동강도도 올라가는군요. 병원의 인력을 바라보는 관점이 바뀌어야 한다는 생각이 듭니다. 병원을 경영하는 사람들은 기계에 돈이 많이 들어가니까 인력을 줄이려고 노력하더라고요. 줄일 수 있는 게 인력밖에 없다고.

최원영 그렇습니다. 병원은 인건비로 전체 비용의 절반 이상을 쓸 만큼 무척 노동집약적인 곳이에요. 거꾸로 말하면 인건비에서 줄이는 족족 다 이익이 됩니다. 기계 가격은 아무리 깎아도 한계가 있고, 의료기기는 그 수를 줄이면 티가 납니다. 그런데 사람은 열명 쓰다가 아홉명 쓴다고 당장 어떻게 되지 않아요. 빠진 한명이 할 일을 나머지 아홉명이 나눠서 더 하니까요. 거기서 또 한명을 줄이면? 그 한명의 노동을 또 여덟명이 나눠서 해요. 죽지 않고 버틸 수 있을 만큼만 노동강도를 높이는 거예요. 그런데 병원 일은 공장처럼 예측 가능하지 않고 환자가 확 몰릴 때도 있고 줄어들 때도 있습니다. 같은 수의 환자여도 환자 상태에 따라 노동강도가 달라지기 때문에 정확하게 계량화하기 애매하고요. 그래서 환자를 생각하고 의료인들의 정신건강을 생각하면 조금 넉넉하게 운영되어야 하는데 늘 조금 모자라게 굴러가는 거죠.

얼마 전까지만 해도 '점오프'(응급오프)라고 해서 바쁘지 않은 때에는 간호사에게 근무 직전 휴무를 통보하기도 했습니다. 특히 산부인과에 많은데 환자 수가 많지 않거나 수술이 없는 경우에는 강제로 본인 휴가를 쓰게 하는 거예요. 출근하기 직전에 통보하기 일쑤고요. 이러면 통보받는 사람은 나중에 정작 쉬어야 할 때는 못 쉬게 됩니다. 연차 까이는 사람만 억울한 게 아니라 남아서 일하는 사람들도 힘들어요. 원래 열명이 일해야 하는 환경에서 환자가 적다고 일곱명만 출근했는데, 갑자기 응급환자가 발생할 수도 있거든요. 쉬고 있는 사람을 불러낼 수 없으니까 출근한 사람들이 강도 높은 업무에 시달릴 수밖에 없습니다.

이런 방식이 가능한 이유가 이렇게 운영해도 병원이 리스크를 안지 않기 때문입니다. 만약 공장에서 컨베이어벨트를 기준 속도보다 빨리 돌리면 생산량이 올라가겠지만 그만큼 불량품도 많이 생기겠죠. 그런데 병원에서는 바쁘면 의료인들 스스로 화장실도 안 가고 미친 듯이 주어진 업무를 해내는 거예요. 환자가 생사를 다투고 있는데 내가 피곤하다고 일을 미루거나 대강 할 수 없으니까요.

백영경 의료사고로 소송이라도 나면 책임을 피해갈 수 없는 당사자이기도 하죠.

최원영 의료사고가 나면 병원이 인력을 적게 채용한 부분에 대해서는 지적하지 않고, 그 건만 똑 떼어서 해부하듯이 봐요. 해당 간호사나 의사가 매뉴얼대로 하지 않았기 때문에 환자를 죽게 했다는 거죠. 그 의료인이 돌봐야 했던 다른 환자 상황이나 인력 여건 등은 제대로 고려해주지 않습니다. 이대목동병원 사건• 때도 전공의가 힘들어서 못하겠다고 개선을 요구했으나 반영되지 않아서 그만둔 상황이었어요. 남아 있는 사람들끼리 당직을 돌며 주에 80시간 이상씩 일해가면서 빠듯하게 버티고 있는데, 여러 신생아에게 심폐소생술을 해야 하는 응급상황이 동시에 발생한 거죠.

당시 제가 병원의 부족한 인력이나 구조적인 문제보다 개별 의료진에게 책임을 전가하는 것에 대해 문제제기를 하고 기자회견 등을 했었습니다. 의료진 측 변호사와도 연락이 닿아서 이대목동병원 신생아 중환자실의 수간호사님을 만나 이야기를 들었는데, 두시간이 채 안 되는 시간 동안 사망한 아기는 네명이지만

• 이대목동병원 신생아 중환자실에 입원한 신생아 네명이 심정지를 일으키고 80여분 사이 잇따라 숨진 사건. 「이대목동병원 신생아 4명 80여분 사이 사망 '미스터리'」, 『한국일보』 2017년 12월 17일(https://www.hankookilbo.com/News/Read/201712172091153552).

총 여섯건의 심폐소생술을 했다고 하더라고요. 사실 심폐소생술이 한건이든 두건이든 다른 아기들을 잘 돌볼 수 있는 환경이었으면 일이 이렇게 커지지 않았을 거라고 생각합니다. '이른둥이'라고 하는 이런 아기들은 어른이랑 정말 다릅니다. 심장이 느려져도 발바닥만 쳐주면 다시 회복되는 경우가 있는가 하면, 수액을 넣다가 조금이라도 안 들어가면 영점 몇미리 용량의 차이가 치명적인 결과를 낳을 수도 있거든요. 이런 상황에서 심폐소생술이 동시다발적으로 발생하면 다른 아기들의 상황을 볼 수가 없죠. 옆에 한명이라도 보조 인력이 있었다면 그렇게 위험한 상태로 넘어가지 않았을 거라고 생각합니다.

선진국처럼 중환자 한명당 간호사가 한명씩 배정된다면 해결되는 문제인데 병원을 운영하는 이들은 부족한 인력으로 굴러가게 둬요. 결과적으로 사고가 발생했을 때도 책임은 당사자가 지지 병원장이나 인사 담당자가 지지 않습니다. 하지만 이런 이대목동병원도 각종 적정성 평가나 간호등급 1등급인 상급종합병원이었습니다. 복지부의 등급제 기준이나 감시감독 체계가 얼마나 미진한지 알 수 있습니다. 사실 진짜 문제는 병원의 운영진이 인력을 이렇게 배치했기 때문이고, 더 나아가서는 국가도 이런 상황을 낳은 책임이 있다고 생각해요. 응급상황이 언제 터질지 모르니까 중환자실 일대일 간호 시스템을 구축하려고 해도 그렇게 해서는 버틸 수 없는 것이 병원의 재정구조입니다.

병원은 거기서 일하는 노동자들의 직장이기도 하지만 결국은 환자를 치료하기 위한 공간입니다. 저희 같은 의료인은 환자를 치료하는 게 일인데, 환자를 중심에 놓고 보면 노동자들의 노동 환경도 좋아지기 마련입니다. 의료인이 여유롭지 않고 쫓기듯이 일하는데 환자에게 최선의 케어를 하기란 불가능하죠. 의사 머릿속에 환자 백명의 질병에 대한 정보가 복잡하게 얽혀 있는데, 어떻게 한 사람 한 사람에게 집중해 치료 계획을 세우고 최선의 선택을 내릴 수 있겠어요? 일주일에 80, 90, 100시간씩 일하는 사람이 언제 관련 연구를 공부할 수 있겠어요? 지금까지 해오던 대로 빨리빨리 해내는 수밖에 없고 결국 환자에게도 좋지 않죠. 만약 의사에게 쉴 시간이 충분히 주어지고, 새로운 정보나 지식을 찾아볼 여유가 주어진다면 이는 결국 환자에게도 좋은 결과로 돌아올 거예요.

병원에서 존엄한 죽음이 가능할까

백영경 『문학3』에 쓰신 글•에서도 너무 시간이 없고 너무 일이 많아서 생기는 문제들에 대해 이야기해주셨는데요. 아무래도 인력이 부족하다보면 마음과는 달리 환자의 존엄한 죽음에 신경 쓸 여유가 없는 상황도 발생하겠지요?

• 최원영 「하지만 변명을 하자면」, 『문학 3』 2020년 3호.

최원영 중환자실에 있다보니 죽음을 앞둔 환자분들이 많아요. 이분들 한명 한명이 존엄하게 돌아가실 수 있게 작은 불편함도 신경을 써드리고 싶지만, 바로 옆 환자분이 심장이 멎는다든지 심각한 상황이 발생하면 그러기가 힘듭니다. 옆의 환자가 심장이 멎었는데 '다리를 주물러드릴까요, 불편한 부분이 없으세요' 하고 살펴드리기 힘들죠. 심장이 멎은 환자를 살피는 일과 임종을 앞두고 있는 환자의 편안한 죽음을 지켜주는 일을 동시에 하기란 불가능합니다. 결국 인력이 충원되면 해결되는 문제인데 병원에서 인력을 그렇게 운용하지 않죠.

백영경 종합병원에 일단 들어가면 편안한 죽음을 맞게 해주기보다는 생명을 연장하려는 병원의료의 논리에서 벗어나기 어려운 것 같습니다.

최원영 그렇기도 하죠. 사실 번지수를 잘못 찾아오신 분들도 많죠. 그런데 중환자실 입원환자의 경우 굉장히 급하게 결정해야 할 때가 많아요. 이를테면 차분하게 가족회의를 거쳐서 결정할 수 있는 문제가 아니에요. 지금 기관삽관• 안 하면 돌아가실 것

• 기도 확보를 위해 기관 내에 관을 삽입하는 것. 외상, 이물질, 중추신경 질환 등에 의한 호흡장애로 인공호흡이 필요한 경우 등에 사용한다.

같은 상황인데, 가족회의를 열어 결정하자고 하면 회의가 소집되기도 전에 돌아가실 테니까요. 대부분의 사람들이 자신의 죽음에 대해 구체적인 결정을 내려놓지 않고, 가족들 역시 환자의 상태에 대해 꾸준히 이야기 나눠온 상황이 아닙니다. 그러니 마치 컨베이어벨트에 올라간 것처럼 기관삽관 하고 나면, 인공호흡기 달고, 중환자실 가고, 이렇게 쭉 진행됩니다.

백영경 연명치료 여부를 판단하려면 지금 이 순간이 임종기의 마지막 순간인지 아닌지를 판단해야 하는데, 그걸 판단하기 무척 어렵더라고요. 선생님께서 말씀하셨다시피 중환자 환자의 경우 임종기에 이르기까지 여러 의료적 과정을 거치게 되는데, 한 번 기관삽관을 하면 빼기 어려운 경우도 있고요. 환자 본인이 생전에 굉장히 여러차례에 걸쳐 기관삽관 등의 연명치료를 원치 않는다고 말씀하셨는데도, 본인의 뜻을 따라 기관삽관을 안 한다고 하니 병원에서 무척 반대하는 경우도 겪은 적이 있습니다. 기관삽관을 안 하면 얼마 안 가서 돌아가신다, 완전히 회복될 수는 없어도 기관삽관을 하면 어느정도 더 사실 수 있다고요. 결국 환자의 뜻대로 연명치료를 하지 않았지만 그 과정이 무척 힘들었던 경험이 있습니다.

최원영 이런 부분에 대해서 일반인들의 인식이 낮은 것도 문제지만 의료인들이 보호자들에게 어떤 선택을 유도하는 방식으로 설명하는 경우도 종종 봅니다. 보호자는 의료인에게 전적으로 의지할 수밖에 없으니 어떻게 보면 유도될 수밖에 없는 상황이에요. 전적으로 중립적인 입장에서 상황에 대한 모든 의료정보를 전달하기란 불가능하잖아요. 방대한 의료지식을 속성으로 전달할 방법은 없고, 결국 특정 정보를 선택해서 줄 수밖에 없죠.

존엄한 죽음과 관련된 문제들은 지엽적인 것이 아니라 의료 전체를 둘러싼 포괄적인 문제인데, 여전히 병원에서는 여러 파트 중 하나로 다뤄지는 듯합니다. 모든 의료인이 인권교육을 받듯이 이 문제에 대해 충분히 교육을 받아야 한다고 생각해요. 그리고 사실 환자 가족보다 환자 본인의 의지가 가장 중요한 문제입니다. 우리나라에서는 여전히 가족에게 환자의 몸에 대한 결정권을 주는 문화가 있어요. 병이 위중한 환자가 아니더라도 우리가 우리의 몸에 대한 의사표시를 미리 해두는 제도나 문화가 자리잡았으면 하는 바람이에요. 각자가 원하는 죽음의 방식에 대해 서로 자연스럽게 물어보고 대화하면서 죽음을 일상적으로 말하는 분위기가 되었으면 좋겠어요. 일상의 대화 속에서 죽음이란 소재는 불경스럽게 여겨지고, 죽음에 대해 이야기하면 그런 얘길 왜 하냐, 우울증 있냐는 반응을 얻기 쉽죠. 그런데 우리가 결혼을 준비할 때는 드레스, 꽃, 식사, 가구 및 가전 등 굉장히 세부적인 사항들까지 몇달에 걸쳐 준비하는데, 죽음은 어찌 보면 그보다 더 중요한 문제잖아요, 누구에게나 찾아오는 문제고요.

불과 1세기 전까지만 해도 사람들은 대부분 집에서 죽음을 맞왔고, 여전히 사람들은 자신이 집에서 가족들에 둘러싸여 죽을 거라고 막연히 생각합니다. 하지만 대부분의 사람들은 병원에서 죽음을 맞는 게 현실입니다. 실제 우리가 처한 현실과 죽음에 대해 갖고 있는 생각 사이의 괴리가 무척 크죠. 자신의 죽음이 무척 먼 일처럼 느껴져도 조금씩 노력해서 미리 숙고해보고 대화를 나누고 준비하는 과정이 필요하다고 생각해요. 그런 분위기가 형성된다면 웨딩업체가 엄청나게 많은 것처럼, 병원에서도 임종 상담을 해주는 절차가 생기고 관련 시설도 늘어나겠죠. 예전보다 호스피스 병원이 늘어났지만 수요에 비해서는 여전히 부족하거든요.

백영경 호스피스 병원에 가려고 하면 병원에서 죽음 3주 정도 남겨놓고 오라고 한답니다. 3주 전에 와서 딱 3주만 머물라고 되어 있더라고요. 아무리 임종기라도 그 시기를 어떻게 예측할 수 있겠어요.

최원영 치료가 불가능한 환자에게 치료적 효과 없이 고통만 야기하는 의료행위를 중단하는 것을 환자를 포기한다고 생각하는 사람이 여전히 많아요. 그래서 할 수 있는 건 다 해달라고 요구하곤 합니다. 불필요한 의료자원 낭비일 뿐만 아니라 환자의 고통을 가중시키는 일인데도 말이에요. 그렇다고 해서 산소요법이나 진통제 투약 등 의료적인 도움이 필요한 말기의 환자들이 편안한 죽음을 맞이할 수 있는 시설이나 환경이 잘 갖춰져 있느냐, 다른 선택지와 그에 대한 설명과 안내가 충분하느냐고 하면 그것도 아니거든요. 결국 이런 것들이 바뀌고 개선되려면 인력이 투입되고 돈이 들어가야 합니다. 1, 2억 들어가서 될 문제가 아니라 조 단위의 예산이 움직여야 하는 문제고요. 조 단위의 돈을 움직이는 선택을 하는 건 결국 정치권이기 때문에 시민들의 요구가 지속적으로 있어야 합니다.

시민들이 존엄한 죽음에 대해 중요성과 필요성을 느끼고 관심을 많이 가진다면 정치권은 여기에 반응할 거고 많은 변화가 생길 거예요. 그런데 죽음은 누구나 맞닥뜨릴 문제임에도 불구하고 겪고 나면 끝이기 때문에 문제를 제기하기 쉽지 않아요. 죽음을 둘러싼 상황이 무척 괴로웠어도 죽고 나면 말할 수가 없어요. 내가 중환자실에서 죽으니까 너무 비참하고 괴롭더라고 말할 사람이 없는 거죠. 중환자실에서 일하는 저희 같은 사람들이나 중환자실 치료를 받았던 환자의 보호자들이 지속해서 목소리를 내야 합니다. 실제로 중환자실 환자의 트라우마에 대해서는 관련 연구나 논문 들도 있거든요.

백영경 애초에 중환자실은 의료적인 자원을 최대한 많이 투입해 생명을 지속시키기 위해 만들어진 공간이 아닌가요? 중환자실에서 환자는 의료적 처치를 위해 환자복조차 갖춰 입지 못하게 되기도 하고, 보호자 면접도 제한되며, 사생활도 보장될 수 없는 상황이다보니, 이런 식으로 생애를 마감하는 것에 대해 부정적으로 보시는 분들도 많습니다. 평화롭고 존엄한 죽음을 원한다면 종합병원 중환자실에 들어가지 말아야 하는 것이 아닌가 하는 생각마저 들어요.

최원영 그렇게 딱 잘라 말하기는 애매한 것도 사실입니다. 중환자실은 말 그대로 죽을 수 있을 만큼 중환이 있는 환자분이 오는 곳이거든요. 호스피스에 가는 게 더 좋았을걸 하는 환자분도 오시지만 희박하더라도 치료 가능성을 믿고 왔다가 결과적으로 돌아가시는 분들도 굉장히 많습니다. 존엄한 죽음은 중환자실에서 찾지 말라고 할 것이 아니라 중환자실에서도 존엄한 죽음을 이야기할 수 있는 환경이 되어야 하는 것 같아요. 특히 대형병원은 죽음을 한달 앞뒀냐, 일주일 앞뒀냐, 하루 앞뒀냐 정도의 차이지 어느 병동이나 죽음을 가까이 둔 사람들이 굉장히 많은 곳입니다. 그래서 중환자실뿐만 아니라 병원 전반적으로 환자들이 존중받으면서 치료받을 수 있는 환경, 자원을 아끼느라고 환자가 더 고통받는 일이 없는 환경으로 가야 한다고 생각해요. 결국 분배의 문제죠. 어디에 더 투자하고 어디에 덜 투자할 것이냐 하는 문제. 이를테면 저는 4대강 사업보다는 존엄한 죽음을 택하겠어요.

백영경 죽음의 문제를 생각하면서 우선순위를 매기다보면 공통적인 기반을 찾아나갈 수 있을 거라는 말씀이시죠?

최원영 네, 우리가 죽음을 앞두고 있다고 생각하면 남은 시간이 무척 소중하게 느껴지잖아요. 죽음에 가까워질수록 남은 시간 동안 더 의미있게 보내고 싶고 좋은 기억을 남기고 싶겠죠. 삶을 죽음으로 가는 과정으로 생각하고 우리 사회가 죽음, 질병 등의 문제를 수면 위로 올려서 논의하고 고민하면 좀더 건강한 사회가 되지 않을까 합니다. 질병이나 죽음에 대해 이야기하길 꺼리는 분위기니까 막상 그런 문제나 고민을 안고 있는 사람은 더 고립되는 것 같아요. 병원이 가장 기본적인 것으로 돌아가 환자가 인간으로 존중받을 수 있는 공간으로 거듭나려고 애쓰다보면, 이 방향에 맞춰 다른 모든 문제를 정리하다보면, 많은 것들이 해결될 수 있으리라 생각합니다.

내가 일하는 서울대병원, 내가 바라는 병원

최원영 자신의 생애주기에 따라 혹은 갑자기 겪게 되는 사고나 질병으로 인해 누구나 병원과 접점이 생깁니다. 인생에서 병원과 만나는 그런 순간들이 불쾌하고 괴로운 기억으로 남지 않기를 바라요. 물론 질병으로 인한 고통은 당연하지만 그 괴로움이 질병 자체가 주는 아픔에서 그쳤으면 좋겠어요. 치료비로 인한 경제적 고통, 어느 병원이 더 좋은 병원인지 스스로 알아봐야 한다는 불안감, 좋은 의사에게서 제대로 된 치료를 받고 있는지에 대한 불신 등 질병 자체의 고통을 넘어서는 괴로움들이 너무 많은 것 같습니다.

백영경 현재로서는 확실히 지역에 믿을 만한, 제대로 된 큰 병원이 부족한 것 같아요. 지역에 계신 고령의 중환자가 서울 병원까지 오가면서 진료를 받으려면 간병부터 식사까지 모든 게 문제가 되죠. 요즘 병원에서는 입원기간을 줄이는 추세기 때문에 서울의 큰 병원에서 항암치료를 하면 1박 2일 입원하고 나가야 해요. 그래서 지방까지 왔다 갔다 하다가 병이 도질 것 같으니 병원 근처에 고시원을 잡거나 작은 병원에 묵는 분도 계시더라고요.

최원영 병원에서 입원기간을 단축하려는 건 입원 직후에는 온갖 검사를 하기 때문에 돈이 되지만 검사가 끝나면 숙박업소처럼 밥값, 방값만 받는 거나 다름없기 때문이에요. 그러니 가급적이면 신규환자를 받으려고 하죠. 점점 입원기간이 짧아져서 예전에는 수술하고 나면 몸의 회복 속도에 따라 식이를 조절하면서 오랫동안 경과를 관찰한 뒤 퇴원을 시켰지만, 요즘에는 수술하자마자 배액관 달아주고 퇴원시켜요. 환자의 상태가 괜찮아서가 아니라 돈이 안 되기 때문에 퇴원시키는 겁니다. 환자보다 병원 사정이 우선인 거죠.

수술했다고 치료 과정이 끝났다고 볼 순 없어요. 수술 뒤 환자에게 부작용, 합병증, 후유증이 생기지 않게 충분히 교육을 해줘야 해요. 환자가 수술 후에 우울감을 호소하면 그것도 치료의 영역이고, 위를 절제했으면 식사 방법도 따로 알려드려야 하고, 다양한 약들을 제때 복용하는 것도 습관화시켜야 해요. 특히 노인분들은 한번 설명을 들었다고 해도 바로 알아듣기 힘드시거든요. 꼭 노인이나 치매환자가 아니어도 사실 젊은 사람들도 약을 제때 챙겨먹는 걸 깜박하는 경우가 많죠. 이런 문제를 환자 중심으로 생각하면 여러 아이디어가 나와요. 예전에 일본에 견학을 갔는데, 혼자 사는 노인분들이 약 드시는 걸 자주 잊으니까 약 복용을 위한 달력을 나눠주더라고요. 약을 거르거나 한꺼번에 많이 먹으면 위험할 수 있기 때문에 커다란 달력에 날짜별로 주머니가 있고 그 주머니마다 하루치 약이 들어 있어요. 이런 식으로 환자를 중심으로 고민하다보면 많은 아이디어들이 나올 수 있을 것 같아요. 지금 많은 의료인들이 돈을 벌 궁리를 하듯이 환자를 위한 궁리를 하도록 시스템을 만들면, 그래서 환자를 위한 고민을 하는 것이 자신한테도 득이 되는 상황이라면, 의료인들도 적극 나서지 않을까요?

백영경 환자를 위한 고민을 하고 선택을 하는 의료인들에 대해서 말씀해주셨는데요. 코로나19가 일어난 이후에 선생님이 코로나19 병동에 자원을 하셨다고 들었습니다. 어떤 생각으로 하신 일인가요? 그런데 막상 지원을 했더니 병원에서는 선생님을 보내지 않았다고도 들었습니다. 코로나19 병동에 의료인력이 부족하다는 이야기를 들었는데, 어떤 사연이 있었던 것인지 궁금합니다.

최원영 코로나19 초반에 의료인 모집할 때부터 지원을 했습니다. 딱히 사심이 있어서 지원한 게 아니라 중환자실 경력이 있고 투석기도 다룰 줄 아니까 도움이 되지 않을까 해서 지원했는데, 병원에서 다른 간호사들을 설득해야 할 만큼 인력이 부족한데 저는 안 보내더라고요. 제가 대외적으로 비판적인 발언을 많이 하다보니 병원에서 꺼리는 것 같아요. 저는 병원을 적으로 생각하는 것이 아니라 더 큰 문제가 생기기 전에 막아보려는 거예요. 특히 제가 속한 서울대병원이 잘되었으면 좋겠어요. 서울대병원이 환자를 위한 의료를 펼치면서도 살아남는 모습을 보여주어야 다른 병원들도 그 방향으로 갈 수 있거든요. 노조와 상생하는 모습 등 여러 면에서 선도하는 병원이 되길 바랍니다.

백영경 사실 그동안 서울대병원이 해온 일들을 보면 빅5라고 하는 다른 대형병원들과 비교해서 딱히 차이가 있다는 생각이 들지 않습니다. 해외 의료관광 추진이나 고가의 건강검진 패키지 운영 등 다른 병원들보다 오히려 앞장서서 수익성을 추구하는 모습도 많이 보여주었는데요. 그러면서 또 공공성을 내세우니 설득력이 떨어져 보여요.

최원영 서울대병원이 사람들한테 존경받고 신뢰받는 병원이 되길 바라고, 거기서 일하는 사람도 자신의 의료행위에 대해 떳떳하고 환자들에게 죄책감을 느끼지 않아도 되길 바랍니다. 이런 대형병원의 의료인들은 어차피 월급을 받기 때문에 돈을 더 벌려고 환자에게 불필요한 처치를 받도록 유도하거나 진료 횟수를 무리하게 늘릴 이유는 없어요. 그렇게 할 수밖에 없는 구조적 환경에 놓인 거죠. 그래서 환자 중심으로 치료하는 병원이 되면 이런 것들이 해결될 수 있지 않을까 해요. 의료인이 최선을 다해 의료행위를 했다면 환자분도 최선의 치료를 받을 수 있는 환경. 그러면 환자가 행여 돌아가시더라도 편안하고 인간으로서 존엄을 유지하는 임종을 맞을 수 있을 것 같아요. 병원에도 이러한 인문학적 감수성이 필요합니다.

백영경 서울대 의대에서 인문학 수업을 한다고 하더니 결국 경영학을 가르쳤어요. 일반 임상의사들도 인문학적 감각을 가질 수 있도록 하는 교육이 중요한 것 같습니다. 의료현장에서 수많은 선택의 기로에 놓일 텐데 그때 좀더 좋은 선택을 하려면 시간적 여유도 있어야 하고, 미리 새겨둔 마음속의 지침도 있어야겠죠. 결과가 어찌되었든 최선의 노력을 기울여 선택을 했다면 개인이 법적 책임을 너무 고민하지 않아도 되는 제도적 뒷받침도 필요할 것 같습니다.

무서워 자주 울었다.
소리.

최원영 환자는 어떤 특정 집단으로 영원히 고정되어 있지 않아요. 우리 모두가 잠재적 환자이고, 환자의 가족이죠. 우리 모두의 문제라 생각하고 부동산 문제에 기울이는 관심과 열정의 절반만큼이라도 같이 고민을 해봤으면 좋겠습니다. 일본 다큐멘터리 영화 중에 「엔딩노트」(2012)라는 작품이 있는데 제가 무척 감명 깊게 보았어요. 감독의 아버지가 암으로 돌아가시는 과정을 찍은 것인데, 현대사회에서 맞이할 수 있는 죽음 중 가장 이상적인 모습에 가까웠다고 생각해요. 치료 과정에서 환자에게 충분한 설명을 해주고, 환자 스스로 선택을 할 수 있게 하고, 결과적으로 그가 돌아가시는 것까지 나오는데, 그 모든 과정을 한 의료인의 입장에서 지켜보면서 아쉬운 부분이 거의 느껴지지 않았습니다. 임종을 앞둔 날들에는 1인실에서 가족과 함께 지난 추억을 이야기하며 충분한 시간을 보내고요. 자신의 장례식도 스스로 고민해보고, 초대할 사람들을 엑셀파일로 정리해 아들에게 주기도 하고요. 가장 감동적이었던 장면은 사망선언을 할 때였습니다. 의사가 와서 심장이 멎었는지 확인하려고 옷 속에 청진기를 넣으면서 "시쯔레이시마스"(실례하겠습니다)라고 말하는 거예요, 이미 돌아가신 분한테. 그 순간이 저는 너무 감동적이었고 인상적이었어요. 돌아가신 분을 존중으로 대하는 의사의 마음이 느껴졌거든요.

제가 일하는 중환자실에서는 절대 일어날 수 없는 일이에요.

의사가 '플랫•되면 알려주세요'라고 해요. 간호사는 분주히 다른 일을 하다가 플랫이 되면 의사에게 연락을 하고, 스트립을 뽑아 건네주면 의사가 '사망하셨습니다'라고 하고, 그다음엔 각자 다른 일을 하러 가요. 환자의 죽음에 대해 애도할 시간이나 심리적 여유가 전혀 없고 그럴 분위기도 아니에요. 환자분의 죽음에 대해 드러내놓고 슬퍼하기라도 하면 왜 오버하느냐는 시선을 느낄 거예요. 하다못해 보호자들이 애도의 시간을 충분히 가질 수 있게 해주지도 못해요. 커튼을 쳐주는 정도죠.

예전에 중환자실에서 한 할아버지가 죽음을 코앞에 둔 상황을 우연히 본 적이 있어요. 간호사들은 늘 그렇듯이 굉장히 분주했고, 할머니 혼자 그 옆에 덩그러니 있는 거예요. 자기와 평생을 함께 살아온 사람이 죽는데 아무도 관심이 없고, 다들 각자 할 일에 바쁜 거예요. 상황은 어수선하고 조명은 밝고 커튼도 안 쳐진 상황에서 할머니 혼자 어쩔 줄 모르고 계시는데 굉장히 울컥했어요. 퇴근하다가 그 모습을 보고 커튼을 쳐드리고 의자도 갖다 드렸는데, 그 모습이 너무 마음에 남았어요. 이게 이날만의 특수한 상황이 아니라 병원 안에서 계속 반복되는 상황이에요. 죽음이라는, 한 인간의 삶이 끝나버리는 그 엄청난 순간조차도 그렇

• 심장이 움직일 때 발생하는 전기자극이 기록되는 것이 심전도인데, 심장이 수축을 멈추면, 즉 심장이 더이상 뛰지 않으면 심전도상에 아무런 높낮이 변화 없이 편평한 선만 나타난다. 이를 의학적으로 표현하는 여러 용어가 있는데, 플랫(flat)이라고 말하기도 한다.

게 다뤄지는 환경이라는 것. 하나를 보면 열을 아는 것처럼 죽음이 이렇게 다뤄지는 곳이라면 환자가 다른 여러 면에서도 존중받지 못할 거라 생각해요. 이런 것들이 근본적으로 바뀌었으면 하는 바람입니다.

백영경 의료는 남의 문제가 아니라는 점에서 우리가 이 문제에 좀더 집중하고 적극적으로 관심을 기울여야 변화가 가능할 것 같아요. 우리가 의료에 대해 바라는 점은 어찌 보면 단순하고 뻔해요. 차별받지 않길 바라고, 돈 걱정하지 않아도 되길 바라죠. 그런데 정치권의 공공의료 정책 담론으로 넘어가는 순간, 결국 이 세상이 돌아가는 대로 흘러간다고 느껴집니다. 선생님 말씀처럼 우리가 한 인간으로 삶을 마칠 수 있는 권리를 기본으로 두고 의료 문제를 풀어나간다면 좀더 나아질 수 있지 않을까 꿈꿔봅니다.

대담
윤정원

3장

여성과 소수자를 위한 현장의 의료

윤정원

국립중앙의료원 산부인과 전문의. '성적권리와 재생산정의를 위한 센터'(SHARE) 기획위원으로 활동하고 있다. 성폭력 피해자 진료와 성소수자 진료, 낙태죄 폐지 등 여성주의 의료와 여성 건강권에 대한 목소리를 꾸준히 냈으며, 2018 양성평등주간 여성가족부 장관상을 수상했다. 함께 지은 책으로 『배틀그라운드』 『불편할 준비』 등이 있다.

의료의 사각지대에 놓인 사람들

백영경 한국 의료의 성과와 더불어 의료가 돌보지 않는 영역, 의료의 손길이 미치지 않는 영역에 많은 사람들이 있다는 사실이 코로나19 정국에서 두드러지게 드러났습니다. 사실 이런 현상이 어제오늘의 일은 아닐 텐데요. 의사를 만나거나 의료기관을 찾아도 나를 돌봐주지 않는다거나 나를 위한 의사는 없다는 생각을 가진 분들이 많은 것 같아요. 선생님은 산부인과 의사로서 주로 여성, 노인, 청소년, 성소수자 등을 만나오셨는데 선생님이 만나본 사람들도 그런 어려움을 호소하지 않았을까 싶습니다. 어떻게 그 사람들을 만나오셨나요?

윤정원 저는 일단 산부인과를 지원했었는데 어쩌다보니까 트랜스젠더, 퀴어, 성소수자 들을 만나게 되었고 이분들 진료를 해왔습니다. 또 제가 녹색병원에 있을 때 그곳이 성폭력 피해자 전담의료기관으로 지정되도록 만들었어요. 그래서 성폭력 피해자와 녹색병원 인권클리닉을 통해서 오시게 된 재소자, 오랜 단식투쟁을 해오신 여성 노동자 등을 만나왔습니다. 오랜 단식이나 고공농성은 대부분 남성 노동자들이 해왔기 때문에 단식환자 진료가 제 영역이 아니라고 생각했는데, 여성 노동자도 단식을 하면서 생리가 끊기고 기저질환들이 악화되는 증상들이 있었어요. 그래서 이러한 산재의 영역도 젠더 문제 안에 있다는 생각을 하게 됐죠. 이런 분들뿐 아니라 난민, 성노동자, 탈가정 청소년 진료와 건강검진 등도 해왔습니다.

백영경 여성 노인 암환자들도 많이 보신다고 들었는데, 이분들이 특별히 선생님께 찾아오게 되는 이유가 있나요.

윤정원 대학병원에서는 암환자분들에 대한 호스피스 진료는 거의 하지 않고 대부분 수익이 되는 수술이나 항암치료만 합니다. 이후의 케어는 지역의 2차병원들에 떠넘기는 경우가 많죠. 그래서 녹색병원에서는 호스피스 진료도 했고, 자연스럽게 생애 말 진료를 하게 되었습니다.

최근 코로나19 시대에 들어서 의료체계의 민낯을 보고 있다고들 하는데, 실제로 돌봄노동을 주로 하고 있던 여성 간호사들과 요양보호사들의 이야기도 조금씩 터져나오고 있고, 자가격리 중에 가정폭력이나 아동학대가 늘어나는 문제들도 드러나고 있습니다. 또 임신중지 같은 경우에는 헌법재판소에서 헌법불합치 결정이 났음에도 불구하고 법이 정비되지 않았고, 이러한 와중에 코로나19가 터져버리니까 문제가 심각한 상황입니다. 임신중지 시술을 하는 병원을 찾는 것이 굉장히 어렵고, 브로커들이 불법으로 수입해 팔고 있는 임신중지약 미프진(Mifegyne)에 대한 수요도 많이 늘어나 그만큼 비용도 엄청 높아졌어요. 원래는 임신중지약의 경우 우먼헬프우먼(Women Help Women) 같은 국제 NGO의 후원을 통해 10만원 정도의 비용으로 구할 수 있었거든요. 이 국제 NGO들이 이용하는 약의 회사가 인도에 있는데 인도가 록다운이 되면서 약재 가격이 껑충 뛰어서 지금 브로커들이 거의 50만~60만원을 받고 있다고 들었습니다. 또 말레이시아가 록다운되면서 말레이시아에 있는 세계 최대의 콘돔 회사가 문을 닫는 바람에 전세계적으로 피임도 할 수 없고 임신중지도 할 수 없는 난감한 상황입니다. 어디에 필수의료를 투입해야 할 것인가 하는 논의가 이런 상황과 밀접한 관련이 있다고 봅니다. 코로나19 때문에 지금은 감염과 관련된 공공의료에 대한 논의가 활발하지만 어느정도 급성기가 지나고 나면 그동안 성과 재생산 건강이 필수의료로 인정받지 못해온 부분에 대한 이야기도 계속 되어야 된다고 생각하고 있습니다.

백영경 말씀하신 대로 우리 사회가 공공의료와 필수의료의 중요성에 대해 누차 논의해왔지만 성과 재생산 건강 문제는 계속 빠져온 것이 굉장히 큰 문제라고 생각합니다. 선생님이 어떤 환자들을 봐오셨는지를 말씀해주셨는데, 당장 의료적 처치가 필요한 사람들이지만 갈 병원이 마땅치 않아 녹색병원으로 가게 된 경우가 많은 듯합니다. 애초에 필수의료를 이야기할 때 젠더에 대한 이해가 부족하고 성과 재생산 건강을 부차적으로 생각해왔기 때문이라고 지적해주셨는데, 본질적으로 이런 배제가 왜 일어난다고 생각하시는지요.

윤정원 일단 지식 자체에 간극이 있다고 생각을 합니다. 여성의 건강 분야 그리고 소수자들에 대해서는 사실 연구가 굉장히 적고, 의학 자체가 가부장적인 성격을 띠어왔습니다. 기본적으로 체중 70킬로그램의 성인 남성 위주로 임상시험이 계속되어왔습니다. 그래서 여성의 생리, 여성 해부학 등에 대해서는 상대적으로 관심을 덜 가져왔어요. 제가 흔하게 드는 예가 네터(Frank H. Netter)의 해부학 책•입니다. 굉장히 유명하고 오랜 전통이 있는 해부학 책인데 남성의 몸을 기준으로 하고 있어요. 간의 크기, 비장의 위치 등이 성별에 따라 조금씩 다를 수 있는데 전체 몸이 남

• Frank H. Netter, *Atlas of Human Anatomy*, 7th Edition, Elsevier 2018.

성의 몸으로 묘사되어 있고 여성 생식기나 유방 등을 다룰 때만 여성의 몸이 등장하는 거죠. 기본적으로 지식 자체가 남성중심으로 생산되어왔다는 점을 짚고 싶습니다.

백영경 사실 약을 먹을 때도 성인과 소아의 복용량은 다르게 표시되어 있는데 성인 여성 중 몸무게가 적은 사람은 성인 분량으로 먹어야 하는지 아동 분량으로 먹어야 하는지 헷갈리는 경우도 많죠.

윤정원 맞습니다. 양약도 기본적으로 70킬로그램 성인 남성을 기준으로 만들어졌으니까요. 더 다양하고 구체적인 몸무게 가이드가 나와야 합니다. 또 아스피린 같은 약은 심혈관계 질환이나 동맥경화를 예방해준다고 해서 예방 차원에서 많이들 드시잖아요. 그런데 그 예방효과가 남성에게만 나타나고 여성에게는 오히려 출혈 위험성이 높아지고 예방효과가 적다고 합니다. 폐경 이후가 되어서야 심혈관계 예방효과가 조금씩 나타난다고 해요. 미국에서 처음 아스피린 연구를 할 당시에 남성 의사들만 모여서 대규모 연구를 하다보니, 그 연구집단에 여성 피험자가 포함되지 않았기 때문입니다.

또 여성이 많이 가지고 있는 질환에 대해서는 연구 자체가 활성화되지 않은 문제도 있습니다. 『의사는 왜 여자의 말을 믿지 않는가』(한문화 2019)를 바탕으로 말씀드리는 내용인데요. 여성이 많이 앓는 대표적 질환인 류머티즘, 자가면역질환, 알츠하이머, 치매 등에 대해서는 상대적으로 적은 연구비가 투여되어왔습니다. 그러다보니 만들어진 지식 자체가 비대칭적이었고, 일단 의료인 대부분이 남성이었죠. 지금은 의대 입학정원의 남녀 성비가 50 대 50 정도지만 학생들을 가르치는 교수집단을 보면 여성 교원이 10~20퍼센트에 불과합니다. 교수직위까지 올라가는 여성 의료인이 적은 현실에서 남성중심 의료지식들이 남성 의사에 의해서 성차별적인 고정관념들을 내포한 채 도제식으로 권위주의와 함께 계속적으로 전달되고 있는 겁니다. 따라서 여성이나 소수자가 의료현장에서 배제되는 것은 개개인의 문제라기보다는 구조적인 문제라고 봐야 합니다. 사실 의사집단이라고 해서 특별히 더 깊이 성찰하고 도덕적으로 더 우월하지 않거든요. 오히려 기득권에 속해 있으니까 더 보수적인 부분도 있죠. 사회 전체의 전반적인 관점이나 인권 수준이 의사집단에도 반영되는 것인데, 이 사회의 인권 수준 자체가 낮기 때문에 소수자들이 더 보호받지 못하고 있는 거죠. WHO(World Health Organization, 세계보건기구)라든지 이른바 '선진국'들에서는 다양성과 취약계층에 대한 의료를 정책적으로 접근한다면 우리나라는 사회의 수준을 그대로 받아오는 수준밖에 안 된다고 봅니다.

백영경 대부분의 주류 지식이나 민간병원의 의사들은 그렇다고 하더라도 여성이나 소수자 등 배제되기 쉬운 집단들에게는 그들을 위한 공공정책이 제공되어야 하는데 한국사회는 그런 면에서도 부족함이 많습니다. 왜 이런 상황이라고 보시나요.

윤정원 당사자들에게 목소리가 주어진 적이 아예 없었기 때문이죠. 사실 당사자들이 직접 목소리를 내고 싸워서 제도적 변화를 이끌어내는 경우가 많습니다. 암환자의 본인부담금이 낮아지게 된 계기라든지, 난임부부에 대한 정책적 지원이 증가한 부분들도 당사자 집단의 목소리가 굉장히 크게 작용했거든요. 반면에 소수자들, 예를 들면 트랜스젠더 같은 경우에는 집단적으로 모여서 공적인 목소리를 낸 적이 사실 딱히 없었습니다. 특히 트랜스젠더들에게 의사는 성별정정에 필요한 서류의 발급이라든지 호르몬치료제 처방 여부를 결정하는, 거의 신적인 존재이기 때문에 부당한 대우와 차별을 당했을 때 문제제기를 하는 경험이 거의 전무했다고 보면 될 것 같아요. 알음알음 커뮤니티 안에서 해외자료들을 번역하고 피임약을 몰래 사서 버텨왔습니다.

그나마 최근에는 이런 현실이 조금씩 알려지면서 살림의원, 녹색병원, 순천향대 이은실 선생님 등 트랜스젠더 진료에 관심을 가지게 된 의료기관과 의료인들이 생겨나고 있습니다. 이것도 의료인들이 먼저 시작한 게 아니라 결국 당사자들로부터 시작된 것인데, 문제는 당사자들이 시작하는 과정이 굉장히 지난하다는 거죠. 임신중지만 해도 법을 개정하라는 여성들의 목소리가 커지고 나서야 헌법불합치 결정이 났고 그에 따라서 변화가 이뤄지고 있어요. 산부인과의사회는 법이 바뀌기 전까지는 낙태수술을 거부하겠다는 운동을 한 적이 있을 정도였어요. 법이 바뀌는 움직임이 있고 나서야 산부인과학회에서도 가이드라인 작업을 하고 있습니다.

백영경 그러니까 의료가 사람들이 필요한 곳에 찾아갔다기보다는 당사자들이 싸워서 확장해온 역사라고 할 수 있겠네요. 다른 한편으론 한국이 국제기구의 가이드라인을 어떤 영역에서는 선택적으로 받아들였지만, 건강 영역에서는 국제규범도 제대로 작동을 하지 않았다는 말씀이신 것 같아요.

윤정원 한국에는 여성의 몸이 인구정책 위주로 도구화되어온 역사가 있습니다. 산아제한정책이 있었고, 우생학적 관점에서 장애나 유전성 질환이 있는 분들한테 단종수술이나 낙태, 피임을 권장한 어두운 과거가 있었죠. 저출산시대에 와서는 국력이 높아지려면 인구가 증가해야 한다는 레토릭으로 바뀌어서 난임 등에 정책적으로 엄청난 투자를 하고 있습니다. 이러한 흐름이 사용자들의 필요를 반영한 게 아니라 국가가 원하는 의료를 제공하는 것이라는 느낌을 강하게 받습니다.

백영경 현장에서 보시기에 트랜스젠더 의료를 비롯해 여성과 소수자 의료 문제에서 조금씩 성과가 나고 있는지요. 당사자 운동을 통해 무언가 진전이 된 부분이 있는 한편 전혀 진척이 없는 부분도 있을 것 같은데, 선생님 나름의 평가가 궁금합니다.

윤정원 글쎄요. 다 너무 안 되고 있어서요.(웃음) 임신중지가 그나마 진전이 있었죠. 법이 개혁되는 것만 해도 큰 전진이라고 보는데, 사실 보건복지부가 이후에 제도를 어떻게 만들지가 불투명합니다. 헌법불합치 결정이 난 상황이면 그다음에 의료시스템이 임신중지를 받아들이는 수순을 밟아야 되는데, 어떻게든 제한을 하고 특정 조건 안에서만 가능하도록 규제하느라고 의료적 인프라 구축에 대해서는 논의가 전혀 이루어지지 않고 있습니다.

트랜스젠더의 상황은 정말 척박한데요. 우선 의료보험이 적용되지 않는 문제가 가장 심각합니다. 이분들에게는 필수의료인 성기성형이 미용성형수술이랑 마찬가지인 비급여진료의 영역에 포함되어 있어요. 그런데 성기절제와 외성기성형을 해야 법적 성별정정이 가능합니다. 어떻게 보면 국가가 트랜스젠더에게 불임이 될 것을 강요하고 있는 거죠. 외국에서는 호르몬치료만 하고 있는 경우, 수술만 받은 경우, 스스로 본인을 특정한 성별이라고 정체화하는 경우에 정신과 의사의 진단서만 받더라도 성별정정을 할 수 있습니다. 가령 1980년 성전환법을 제정한 독일은 2011년에 성별정정을 위해 생식능력을 결여해야 한다는 성전환법 조항이 위헌판결을 받았고, 지금은 수술 없이도 성별정정이 가능합니다. 미국은 주마다 사정이 다르지만 여권과 운전면허증 등의 서류 변경요건에서 '자격 있는 의사의 진단서 제출'만 요구하고 있고 성전환수술을 전제조건으로 두지 않고 있습니다. 아르헨띠나도 성별정체성법에서 외과적 조치나 의료적 조치(호르몬 치료)가 없어도 성별변경을 허용하고 있습니다. 그래서 FTM 트랜스젠더*가 트랜지션**을 했거나 하는 중에 임신과 출산을 하는 경우도 존재합니다. 이런 사례들이 외국에서는 자주 보고되는데 아직 한국에서는 트랜스젠더의 성과 재생산 권리에 대한 사회적 인식 자체가 부족합니다. 지금처럼 트랜스젠더에게 불임을 강요할 거면 보험이라도 적용해줘야 할 텐데 그것도 아니죠. 트랜스젠더의 인권은 완전히 사각지대에 있습니다.

정상과 비정상을 판가름하는 의학지식

백영경 앞서 사람들이 어떤 의료는 필수의료가 아니라고 생각하기 때문에 이런 문제가 벌어진다고 말씀하셨는데, 성과 재생산 권리를 둘러싼 문제 역시 트랜스젠더나 여성 중 특수한 '일부'

---

* Female to Male 트랜스젠더. 지정성별(태어날 때 출생증명서에 등록되는 성별)은 여성이나 본인을 남성으로 정체화하는 사람.

** 지정성별과 스스로 인식하는 성별이 달라 위화감을 느껴 이를 통일시켜나가기 위한 과정. 화장과 옷 등으로 외양을 바꾸는 것에서 상대 성의 호르몬 투여, 성기성형 등 의료적 트랜지션까지 다양한 수행을 포함한다.

사람들의 문제지 모든 사람의 문제는 아니라고 생각하는 사람들이 많을 것 같습니다. 선생님은 이게 그 사람들만의 문제가 아니라 모두의 문제라고 생각하시는 입장일 텐데요. 왜 이것이 모두의 문제라고 생각하시는지요.

윤정원 제가 정말 많이 듣는 이야기 중의 하나가 '임신중지는 원하지 않은 임신을 한 당사자의 책임인데, 왜 내가 낸 보험료를 이 사람들 낙태하는 데 보태야 하느냐'라는 질문이에요. 그런데 그렇게 따지면 왜 아기 안 낳는 사람이 낸 보험료로 다른 사람 출산을 지원하고, 내 보험료를 다른 사람 암치료 하는 데 쓰겠어요. 보험, 즉 전국민건강보험이라고 하는 것은 사회연대와 사회보장 체계로서 작동하는 것이지 개인의 호오에 따라서 선택적으로 적용하는 게 아니거든요. 신자유주의시대에 들어서면서 개인의 노력이나 책임을 따지는 분위기가 가중됨에 따라 이 사회부조라는 시스템 자체에 대한 인식이 약해진 부분이 있다고 봅니다. 하지만 통계를 보면 여성 네명 중 한명이 임신중지 경험이 있고,* 트랜스젠더는 인구의 0.1~0.5퍼센트에 달하며,** 전인구의 80퍼센

* Rachel K. Jones and Jenna Jerman, "Population Group Abortion Rates and Lifetime Incidence of Abortion: United States, 2008-2014," *American Journal of Public Health* 107 (12), 2017.

** 이호림·이혜민·윤정원·박주영·김승섭 「한국 트랜스젠더 의료접근성에 대한 시론」, 『보건사회연구』 35 (4), 2015.

트가 크고 작은 성매개 감염을 겪거든요.• 어떤 집단을 쪼개고 나누고 배제하면서 순혈적인 '내' 집단만을 만들려고 하는 것은 사실 누구에게도 도움이 되지 않습니다. 다소 일차원적인 비유이긴 하지만 내 친구나 가족이 성소수자로 정체화하거나 임신중지와 맞닥뜨릴 가능성이 항상 열려 있는 게 현실입니다.

백영경 성별정정이나 임신중지가 얼마나 흔한가의 문제를 넘어

• Harrell W. Chesson, Eileen F. Dunne, Susan Hariri, and Lauri E. Markowitz, "The estimated lifetime probability of acquiring human papillomavirus in the United States," *Sexually Transmitted Diseases* 41 (11), 2014.

서 이 자체를 반사회적이고 문제적인 행동으로 보기 때문에 사회부조를 적용하면 안 된다는 주장도 있습니다. 그러면서 나오는 게 사회적인 규범이나 정상성의 문제가 아닐까 합니다.

윤정원 의학 자체에 정상성과 비정상성을 분리하고 판가름하는 경향이 있습니다. 어디까지가 '정상' 범위이고 그 밖은 '비정상'이니, '비정상'을 교정해서 '정상'을 만든다는 게 의학의 기본 콘셉트입니다. 예를 들어 의학에서는 정상적인 X, Y염색체의 수정과 인간발달을 쭉 다루고 나서 마지막에 성분화 '이상'이나 성분화 '장애' 챕터에서 간성(intersex)•이나 트랜스젠더 같은 개념을 열외의 존재들로 다룹니다. 남성/여성이라는 성별이분법이 고착화된 상태에서 젠더를 트랜스하려는 존재들에 대해서는 그 원인이 정신적인 문제인지 아니면 호르몬의 문제인지 그 원인을 탐구하려고만 하고, 정작 이들이 살아가고 있는 현실에 대해서는 오히려 신경을 덜 씁니다. 임신중지 이슈도 보면, 수정–임신–출산의 과정을 '정상'으로서 설명하고, 그 이외의 유산, 임신중지, 난임 등을 '병적 상태' '비정상' 임신이라고 후술합니다. 다시 말하면 의학교육 체계 자체가 먼저 정상을 논하고 그다음에 질환들을 교육하는 방식이거든요. 이 체계가 의료인들, 나아가

• 염색체, 성기, 성호르몬 등의 성별특징이 남성이나 여성의 신체 정의에 부합하지 않는 사람.

대중에게 정상/이상, 건강/질병의 이분법적 사고를 고착화합니다. 하지만 의학의 'norm'(표준)이라는 것도 계속 변화하고 있습니다. 이를테면 정상 혈압의 범위 등이 계속 달라지고 있고, 성조숙증의 진단 기준 연령도 예전에는 9세였는데 지금은 8세로 바뀌고 있습니다. 이런 식으로 시대와 사회의 변화, 그리고 의학지식의 발전에 조응해서 'norm' 자체도 끊임없이 달라지고 있습니다. 다만 실질적인 의학 교육이나 실천을 통해 대중까지 전달되는 데 시간이 너무 오래 걸리는 것 같다고 느낍니다.

끊임없이 증명을 요구받는 여성과 소수자의 몸

백영경 여성과 소수자의 삶의 문제를 이야기하다보면 이게 건강 문제인지 사회적인 문제인지 구별하기 어려울 정도로 그 맥락이 복잡하게 얽혀 있는 것 같습니다. 특히 임신과 출산 문제는 사회적 관계의 문제와 떨어뜨려서 볼 수 없거든요. 성폭력, 산재 노동자 문제 등 사회의 문제가 건강의 문제가 되는 사례들이 또 어떤 것들이 있을까요? 선생님이 현장에서 보신 문제들을 소개해주시면 좋을 것 같습니다.

윤정원 제가 근로복지공단 서울시 업무상질병판정위원회에 있는데 거기에 200~300명 정도의 의사가 소속되어 있어요. 산재에서 다루는 질환에 근골격계 질환이 많으니까 위원회의 의사 대부분이 산업의학과, 직업환경의학과, 내과, 정형외과 등이고 산부인과는 저 혼자입니다. 저 이전에 산부인과 의사가 질병판정위원회에 들어간 적은 없었고 다른 과 의사들이 산부인과 관련 질환도 심의했었죠. 그러다보니 산부인과 관련 질환들, 유산이라든지 골반장기탈출증, 월경불순, 난임 등이 그동안 산재 판정을 받지 못했을 가능성이 높습니다. 제가 들어가고 나서도 전례가 없으니 안 된다거나, 한번 인정하면 앞으로 다 인정해줘야 하니 곤란하다는 식의 보수적인 반응이 계속 나오고 있습니다. 질병의 인과관계를 밝히려면 어떤 집단에서 특정 질병의 유병률이 더 높다거나, 어떤 행동 이후에 특정 질병의 발생률이 더 높다는 식의 데이터가 필요한데, 여성의 질환과 산업재해에 대한 자료나 연구가 객관적으로 적단 말이죠. 지식 자체가 편향되게 축적되어왔기 때문에 여성에 대한 지식이 부족한 겁니다. 그동안 산재로 인정된 여성 질병이 적다보니 산재 신청을 해도 전례가 없다는 이유로 기각이 되고, 여성 질병은 기각된 사례 폴더 속에서 학계나 사회, 정책의 영역으로 못 나오고 있습니다. 제가 들어가고 나서도 많이 바뀌지 못했습니다. 왜냐하면 위원회 소속 여섯명의 위원들이 투표를 해서 다수결 방식으로 사안을 다루거든요. 제가 아무리 설득을 하고 강하게 의견을 내더라도 투표에서 지면 결국 인정이 되지 않기 때문에 큰 변화를 만들지는 못하고 있습니다.

일례로 급식노동자 분이 무거운 짐을 들다가 자궁탈출증이 생긴 일이 있었습니다. 자궁탈출증은 골반을 받쳐주는 근육들이 노화와 출산, 복압이 높아지는 노동 등으로 약해질 때 질의 약해진 벽으로 자궁이 처지고 빠져나오는 질환입니다. 위원회에서 '이 정도 무게를 드는 걸로 자궁탈출증이 생겼다면 본인의 기질적인 문제이지 않느냐' '밥하고 빨래하는 모든 여자들이 무거운 걸 좀 든다고 발생하는 병이 아니지 않느냐'라는 식의 말도 안 되는 소리도 들었어요. 가사노동을 부불노동으로 간주해오면서 노동의 전문성을 평가절하해온 뿌리 깊은 인식은 물론이거니와 이런 노동의 강도에 대한 조사, 평가를 그동안 해오지 않았다는 문제가 단적으로 드러나는 사건이라고 봅니다.

백영경 근골격계 질환은 인정이 많이 된다고 하셨는데, 그게 부인과 근골격계 질환이 될 때는 인정을 안 하는 건가요?

윤청원 근골격계 질환도 단순 반복노동을 얼마나 오래 했느냐 하는 부분과 관련됩니다. 노동의 기간이 업무 관련성에 굉장히 중요하게 작용한다고 하더라고요. 자궁탈출증 같은 경우 이 사람의 고단한 삶을 반영한다고 보시면 돼요. 상당히 오랜 기간 동안 하중이 자궁에 집중되다가 어느 순간 갑자기 생기게 되는 겁니다. 그런데 이분들은 주로 비정규 노동을 계속 반복하다보니까 한 작업장에서 오랜 기간 일했다고 인정받을 수 없는 경우가 많은 거죠. 그리고 질환에 대한 위원들의 이해도도 낮다보니까 산재로 인정받기가 쉽지 않아요. 외국의 통계를 보면 여성 네명 중 한명은 골반장기탈출증을 심하든 경미하든 경험하고, 이 중에 수술까지 필요할 정도로 심한 사람들은 전체 여성 열명 중 한 명이라고 합니다. 우리나라도 학술 통계를 보면 30퍼센트 정도의 유병률로 외국과 비교해도 비슷한 비율인데, 이 정도의 질병 부담이 있는 질환이 사회적으로 가시화되지 못하고 대중의 이해도가 낮은 건 산부인과 질환, 성생식기관 질환에 대한 터부 등의 원인들이 복합적으로 작용했다고 볼 수 있습니다.

백영경 특히 여성의 경우 비정규직으로 거듭 단기고용이 되는 것이 결국은 산재를 인정받는 데 상당한 장애가 된다는 말씀인 것 같습니다.

윤정원 예를 들면 무거운 짐을 들 때는 무릎을 구부리고 앉아서 허리를 편 채로 들어야 하고, 높은 곳에서 작업할 때는 2인 1조로 해야 하고, 사다리 안전성을 확보하는 등의 안전수칙은 남녀 노동자에게 두루 적용되는 부분이기 때문에 교육이 널리 실시되고 있습니다. 하지만 여성 생식기 관련 질환들을 예방하기 위해서는 어떤 안전수칙이 있어야 하는지, 어떻게 교육할지에 대한 부분이 완전히 공백상태예요. 골반장기탈출증 환자들에게 무거운 짐을 들 때 케겔운동을 한 상태에서 들라고 설명해주면 처음 들었다는 식으로 놀라요. 게다가 간병노동, 급식노동, 청소노동 등은 비숙련 노동이라고 간주되기 때문에 이런 노동을 하는 분들에게 일반적인 작업안전수칙을 제대로 교육하는지도 의문입니다.

산재로 인정받지 못한 케이스를 하나 더 말씀드리자면, 한 임신한 노동자가 2~3일 정도의 짧은 기간 동안 심한 고열을 앓는 상태에서 서서 일한 후에 자궁경부무력증이라는 질환이 갑자기 발생해 유산할 뻔한 일이 있었어요. 그런데 위원회에서는 얼마나 오래 일해야 자궁경부무력증이 생기는지에 대한 근거자료를 요구했어요. 그런 자료가 없거든요. 그래서 3일 동안 서 있었다는 것이 업무 연관성을 증명할 수 있겠느냐며 그 정도로 이 질환이 생길 수는 없다고 보더라고요. 위원회의 위원들은 동종 업무가 몇십년간 반복되어 요인이 누적된 상황에서 생기는 진폐나 근골격계 질환 위주로 판단하고, 단기간의 임신이나 폐경 등 여성의 몸이 급격하게 변하는 상황과 생리에 대한 이해가 부족한 거죠. 이건 지식의 문제이기도 하고, 말씀하신 것처럼 사회 문제가 여성에게 전가된 부분도 있다고 봅니다.

백영경 그런데 요즘 여성노동에 대해서 이런 문제제기를 하려면 꽤 복잡하겠다는 생각이 듭니다. 최근에 여성노동만 과도하게 보호한다는 불만도 상당히 크기 때문에 발언하시기가 까다로울 것 같아요.

윤정원 맞아요. 지금도 성추행 사건이 일어나면 '펜스룰'(Pence

Rule) 이야기가 나오는 것처럼 임신한 노동자를 업무에서 배제하거나 임신가능성이 있는 가임기 여성을 아예 채용하지 않는 방식이 취해짐으로써, 오히려 고용에 있어서 여성이 차별받는 경우도 생길 수 있거든요. 그래서 저는 모든 이에게 안전한 환경을 만들기 위한 논의가 필요하다고 강조하고 싶습니다. 예를 들어 어떤 생산시설에서 다루는 화학물질이 태아에게 유해한 생식독성이 있을 수 있기 때문에 여성을 그 업무에서 배제하자는 게 아니라, 이 독성물질은 남성 노동자와 여성 노동자 모두에게 나쁘니까 업무환경 자체를 더 안전하게 만드는 방향으로 가야 한다는 겁니다. 그리고 최근 코로나19를 계기로 많이 논의되듯이 아프면 누구나 쉴 수 있고, 무급휴가나 병가 등 휴가를 더 자유롭게 쓸 수 있으며, 상병수당• 등의 제도적 지원을 누릴 수 있는 환경을 추구해야 합니다. 여성에게만 혜택을 준다거나 여성만 더 배려하는 차원이 아니라 모든 이들을 포함하는 정책들을 생각하자는 거죠. 이런 맥락에서 성평등 화장실을 예로 들 수 있습니다. 사실 트랜스젠더 분들은 여성용과 남성용으로만 나뉘어 있는 공공화장실을 이용하기 어렵습니다. 본인의 위화감도 있고, 주변의 시선 등 여러 이유로요. 그래서 성별 구분이 없는 1인용 화장

• 일을 하다 다치거나 앓게 될 때 요양에 필요한 비용 외에 따로 더 받는 수당. 질병 등의 건강 문제로 근로 능력을 잃은 노동자의 소득을 보전해주는 제도로, 정부가 2020년 7월 14일 확정·발표한 '한국판 뉴딜 종합계획'에 해당 내용이 포함되면서 그 추진 여부가 주목되고 있다.

실, 모든 가족 구성원이 함께 쓰는 화장실처럼 세면대와 좌변기를 다 구비한 개인용 화장실을 만들자는 성중립 화장실 운동이 시작되고 있습니다. 이런 시도가 정착되면 비단 성소수자뿐 아니라 딸을 데려온 아빠, 아들을 데려온 엄마, 생리컵을 교체해야 하는 여성, 성별에 상관없이 옆 칸에 누군가가 있는 게 싫은 개인 등 모두에게 좋은 화장실이 될 수 있다는 거죠.

백영경 여성이 비정규직 단기노동 때문에 산재 인정을 받기 어렵다고 말씀해주셨는데, 사실 성노동자의 경우에는 산재가 아예 존재하기도 어려운 상태잖아요? 그분들의 사례들을 말씀해주시면서 어떤 문제가 있는지 짚어주시면 좋겠습니다.

윤정원 성판매 여성을 위한 지원시설들이 있긴 합니다. 여성가족부 산하에 성매매피해자 지원체계가 있어서 성판매 노동을 그만두고 다른 노동으로 진입할 때까지 직업훈련을 지원하는 시스템, 성판매 노동을 하면서 생긴 후유증과 합병증에 대한 의료지원, 폭력으로부터 대피할 쉼터 등이 제공됩니다. 문제는 성판매 노동을 더이상 하지 않는 것을 전제로 지원해준다는 점입니다. 예를 들어 성노동 과정에서 발병한 골반염이나 성매개 감염의 치료에 대해서는 단체들이 지원금을 사용할 수 있는데, 피임은 그렇지 않아요. 성노동을 계속하려면 당연히 피임이 중요하잖아요, 콘돔 사용을 거부하는 남성도 있고요. 그런데 피임시술이나 피임약 처방 등은 성노동을 권장하는 개입이라고 해서 아예 지원되지 않습니다. 이런 부분은 개인 비용으로 부담해야 하는 상황입니다. 또 여기서도 질병의 인과관계를 증명하는 것이 문제가 되는데요. 성노동자는 햇빛을 거의 보지 못해 비타민D가 부족하고, 식사를 제대로 하지 못한 상태에서 무리한 다이어트를 하거나 과음을 하는 경우가 많다보니 치과질환이나 골다공증, 디스크와 뼈 관련 질환 환자가 상당히 많지만, 이런 질환들은 성노동과 연관성이 없다고 보기 때문에 지원 대상이 아닙니다. 애초에 노동자성 자체를 인정조차 받지 못하고 있고요.

결국 여성은 계속 증명을 해야 하는 거예요. 저는 이 '증명'이란 단어가 상징적이라고 생각하는데, 의사에게 증명을 해야 하고, 성폭력상담소에 증명을 해야 하고, 쉼터에 들어가려고 해도, 산재 인정을 받으려고 해도 끊임없이 증명을 요구받습니다. 앞으로 임신중지 관련법이 어떻게 바뀔지 모르지만 상담의무 조항이나 사유제한 조항들이 생기게 된다면, 임신중지를 위해 또 어딘가에 자신을 증명해야만 하는 여성들이 생기겠죠. 저는 증명과 승인의 언어로 구성된 권리가 아니라 기본권으로서의 건강권, 행복추구권으로서의 건강권을 추구해야 한다고 강조하고 싶습니다. 정상시민으로의 인정, 피해자로서의 인정을 받아야 하는 상황을 벗어나 인간으로서 당연히 누려야 할 기본권을 행사할 수 있도록 보장하는 패러다임의 전환이 필요합니다. 낙태죄 폐지운동이 좋은 예를 보여줬다고 생각해요. '여성이 이렇게 힘들고 비참하니 임신중지를 허용해달라'가 아니라 '내 몸에 대한 결정을 할 권리는 나에게 있다'라는 기본권을 인정하라는 요구였죠.

'인정'이라는 것도 여성주의 의료에서 요새 제가 집중하고 있는 부분입니다. 앞서 말씀드린 책 『의사는 왜 여자의 말을 믿지 않는가』는 상당히 중요한 사실을 지적하는데, 의사들이 여성의 말을 믿지 않는다는 거예요. 의료인들이 기본적으로 여성이 통증에 더 민감하고 예민하다고 생각하니까 여성이 호소하는 통증을 믿지 않는다는 거죠. 예컨대 남성은 월경통을 경험해본 적이 없기 때문에 전혀 이해하지 못함에도 불구하고, 원래 월경은 월경통을 동반한다고 아무 일 아닌 것처럼 취급하고, 월경통이 너무 심해서 죽을 것 같은 고통을 호소하는 사람은 유독 혼자 예민한 신경증 환자 취급을 받습니다. 기본적으로 의료인들이 여성의 통증을 믿지 않기 때문에 자신이 얼마나 아픈지를 계속 증명하고 납득시켜야 하는 임무가 여성에게만 주어지는 일이 비일비재한 겁니다. 이 책에서는 똑같이 심장질환의 증상을 호소했을 때 여성에게는 우울증 약을 처방하고 남성에게는 심장약을 처방하는 차별들을 실질적인 데이터로 확인할 수 있습니다.

다시 정상성 개념과 연관되는데, 의과대학에서 질병을 처음 배울 때 집단에 이 질병이 얼마나 많이 발생하는지(유병률), 어떤 요인들이 이 질병을 일으키는지(역학, 위험요인), 그다음으로 진단검사, 치료, 예후, 이런 순으로 배웁니다. 즉 어떤 질병은 특정 집단에서 많이 발생한다는 식으로 질병의 역학을 배워요. 그러면 의대생들은 질병의 역학을 상당히 전형적인 인간의 모습으로 상상하게 됩니다. 예컨대 '임신한 적이 없고 히스테릭한 고령의 여성에게는 난소암이 많이 발병한다'라는 공식으로 전형적인 환자상을 만들어서 암기하는데, 그 환자상이 결국 의료인들이 앞으로 의술을 행하는 데 계속 고정관념으로 작용하게 됩니다. 그래서 그 전형을 벗어나는 케이스를 만났을 때 판단을 그르치거나 잘못된 처방을 하고, 진단이 늦어지는 경우가 많죠. 남녀 환자가 똑같은 흉통으로 병원을 찾아도 심장질환은 중년·노년 남성에게 많은 질병, 위식도역류는 여성에게 많은 증상, 이런 식의 고정관념에 따라 반사적으로 판단하게 된다는 겁니다. 여성/남성, 건강/질병, 전형/비전형의 이분법을 넘어 다양성을 인정하는 사고가 중요한 이유입니다. 류머티즘이 여성의 질병이라고 배우지 않아야 관절통을 앓는 여성 환자가 왔을 때 류머티즘 외의 다른 질환들도 한번 더 고려하게 되고, 남성 류머티즘 환자가 와도 이를 놓치지 않을 수 있습니다.

성교육의 부재와 위기의 청소년

백영경 청소년들의 이야기도 해볼 필요가 있을 것 같습니다. 나이 어린 여성이나 청소년은 성인이 아니기 때문에 성적인 주체로 인정받지 못하는 반면, 이들의 성을 구매하고자 하는 수요는 많은 상태에 놓여 있습니다. 이들의 역량이 강화되기 위해서는 어떤 개입이 필요하다고 보시나요?

윤정원 애초에 의학지식이 비대칭적이기 때문에 기본적인 건강교육이나 몸교육, 성교육이 정말 중요하다고 강조하고 싶습니다. 요즘은 보건시간에 기본적인 생리학이라든지 성장과 발달과정에 대해 배운다고 하는데 그 내용들을 보면 부족한 게 아직 많습니다. 실질적인 정보들은 다루지 않는 경우가 많은데 특히 성교육이 그렇습니다. 포괄적 성교육•이 권장하고 있는 피임, 성정체성, 인간존중 등에 관한 교육이 빠지고 정자와 난자가 만나는 이야기만 하고 있는 거예요. 다양한 생리용품에 대한 소개도 하지 않고 생리대를 잘 싸서 눈에 띄지 않게 버리는 방법 같은 이야기만 하고 있고요.

성교육은 사실 교사들도 굉장히 어려워하는데, 정부에서 배포한 성교육 표준안 자체가 후진적이고 교과서도 낙후되어 있기 때문에 교사들이 의지를 갖고 교육을 해보기도 어려운 실정입니

• 포괄적 성교육(Comprehensive Sexuality Education, CSE)이란 유네스코에서 공식적으로 권장하는 성교육 가이드로, 여성과 남성의 신체 구조의 차이와 같은 생물학적 특징만을 다루는 것이 아닌, 인간의 생애에서 성과 관련된 모든 경험을 포괄하는 교육이다. 아동과 청소년들이 자신의 건강을 챙기고, 자신의 존엄성을 인식하며, 자신의 권리에 대한 이해를 높여 존중에 기반한 사회적·성적 관계를 형성할 수 있게 하는 것이 목적이고, 성평등에 기초하며, 건강권, 교육권, 차별금지와 같은 보편적 인권교육을 담고 있다.

다. 실제로 성교육 표준안에 '지하철에서 성추행을 당하면 가방을 뒤로 메거나 발을 밟는다' '데이트폭력은 남녀가 데이트비용을 공평하게 부담하지 않아서 일어난다' 등의 내용이 있어서 논란이 일고 기사화도 많이 되었죠. 그리고 동성애와 조기성애화를 반대하는 보수세력의 입김이 강하기 때문에 이에 대한 교육을 반대하는 목소리는 늘 너무 크고요. 이렇다보니 후진적인 수준의 성교육, 몸교육, 건강교육을 받을 수밖에 없는데다 제대로 된 성교육을 받지 못한 부모세대 아래에서 자란 청소년들은 정보 등 지식적인 자원이 굉장히 부족하고 그에 대한 접근성도 떨어집니다. 접근성이란 비용적인 접근성뿐만 아니라 그 사회의 수용성도 의미합니다. 예컨대 청소년이 산부인과에 가는 것에 대한 터부를 보면 우리 사회의 수용성이 상당히 낮죠. 문제는 사회의 수용성이 자신에게도 내재화되기 때문에 청소년 스스로도 산부인과에 가는 걸 꺼리게 됩니다. 결국 또래들한테 물어보거나 인터넷에서 검색해 해결하려고 하지 전문적인 조언을 못 받는 경우가 많아요.

백영경 요즘 사회는 굉장히 빠르게 변화하는데 성교육의 경우 변화가 더디거나 심지어는 후퇴하는 것처럼 보이니 참으로 안타까운 일입니다. 디지털 성폭력에서 볼 수 있듯이 성을 거래하는 문화는 더 확대되었고 성의 대상화·상품화도 심각해졌는데, 이런 면에서 보면 여성 청소년이 헤쳐가야 할 삶이라는 게 20년 전보다 나아졌다는 생각이 안 드네요. 왜 그렇다고 생각하시나요?

윤정원 네, 오히려 폭력이나 착취에 노출될 가능성은 높아진 것 같습니다. 이렇게 된 배경에는 임파워링을 해주는 교육이 부재하고, 자신의 몸에 대한 정확한 정보나 관계에 있어서 자신을 먼저 존중하면서 협상하는 방법을 배운 적이 없기 때문이라고 봅니다. 그러다보니까 본인이 가진 유일한 자원이라고 할 수 있는 육체와 성을 상품화하는 유혹에 빠지는 경우가 많아요. 그런 청소년시기와 20대를 거친 여성들이 성매개 감염이나 예기치 않은 임신, 임신중지라는 현실을 맞닥뜨렸을 때 '멘붕'을 겪는 경우를 많이 봅니다. 성에 부차적으로 따라올 수밖에 없는 쾌락과 책임, 위험, 대비 등에 대해 미리 교육을 받았다면 그 결과들에 대해 성인으로서 본인이 책임을 져야 한다는 걸 경험하고, 그러면서 실패도 시행착오도 성장도 할 수 있겠죠. 그런 과정 없이 낙인화되어 있는 성매개 감염과 임신중지를 맞닥뜨리게 되면 자책과 모멸감, 피해만을 인식하게 됩니다. 임신중지라든지 성매개 감염, 특히 HPV(생식기 인유두종 바이러스)에 대한 공포가 엄청나요.

백영경 최근에 여성의 성매개 감염 경험에 대한 석사논문•을 봤

• 김보영 「여성의 성매개감염 경험이 제기하는 성적 권리의 문제: HPV를 중심으로」, 연세대학교 문화인류학과 석사논문 2020.

는데, 이 논문에 실린 인터뷰들을 보면 HPV에 대한 한국 여성들의 공포가 아주 선명해요. HPV가 문제가 아니라 한국 남자와의 성관계 내지는 관계맺음 자체가 피해로 인식되는 사례들을 많이 만날 수 있었습니다. HPV에 대한 두려움이 단지 성병이나 자궁경부암에 대한 공포 이상을 의미하는 것이지요. 생각해보면 관계의 목적이 안전만은 아닌데, 공포가 관계를 압도하는 듯해 안타까웠습니다.

윤정원 주체성과 쾌락을 긍정하고 임파워링하는 성교육을 접해본 적이 없고 존중받는 연애관계의 경험이 없다보니까 거부하거나 안전할 권리 쪽으로만 치우친다는 점에서 저는 우려스럽기도 합니다. 처음 성경험을 하는 연령은 낮아지고 있는데, 10대 때 젊음을 다 소비해버리면서 데고 나면, 20~30대만 되도 섹스리스라든지 불감, 또는 '4B'(비연애, 비성관계, 비혼, 비출산)로 가는 경우가 많아졌어요. 이건 모두가 불행한 거라고 봅니다. 이런 점에서 피해자 정체성의 한계를 고민해볼 필요가 있어요.

백영경 피해자가 없다는 뜻이 아니라 자신의 경험을 해석하는 주요한 자원이나 언어가 '피해자'로만 함몰되는 게 문제라는 말씀인 것 같습니다.

윤정원 그렇죠. 경험의 해석이나 관계에서의 자원이 없다보니까 전부 피해로써 정의하는 겁니다. 성매개 질환이나 성폭력과 관련해서도 관계의 차원에서 해결되어야 하는 부분도 분명 있어요. 예를 들면 HPV 감염이 생겼을 때 상대방이 나에게 바이러스를 옮긴 것인지, 아니면 내가 상대방에게 옮긴 것인지 증명해달라고 병원에 오는 경우도 있고요. 피임을 하지 않아 임신중지를 하게 된 상황에서 피해 보상과 법적 소송으로 다투는 경우도 많습니다.

왜 이렇게 운동장이 기울어졌는지, 이렇게 되지 않으려면 어떻게 해야 하는지 고민 없이 '네가 피해자라는 걸 증명해, 그러면 지원해줄게'라는 식이니 피해자 지위를 얻기 위해 노력해야 하는 아이러니한 일이 생깁니다. 물에 떠내려 오는 사람을 건지는 것도 중요하지만, 너무 많은 사람들이 떠내려 온다면 상류에서 무슨 일이 있는지 알아보러 가야 하지 않나요? 성교육에는 제대로 관심도 예산도 쏟지 않으면서, 여성가족부가 하는 사업은 모두 피해자 지원사업 위주예요. 성매개 감염이란 건 80퍼센트의 여성이 살면서 한번쯤 겪을 수 있는 흔한 일이고 임신중지도 네명 중 한명이 경험할 수 있단 말이죠. 이 피해로부터 안전한 상황을 만드는 것만이 중요한 게 아니라 이 경험을 안고 어떻게 그다음으로 넘어갈 수 있느냐가 중요한 겁니다.

백영경 더 살아가고 성장하고 삶을 이어나가는 문제로 다뤄져야 하겠죠. 어떤 한 순간의 사고로 인생의 막다른 골목에 다다르지 않게끔 하는 게 필요하겠습니다.

윤정원 네, 일단 그런 교육이 제대로 이뤄진 적이 없다는 문제가 큽니다. 제가 최근 청소년 성교육 책을 집필하면서 시중에 있는 성교육 책을 꽤 많이 구매해서 읽어봤는데, 놀랍게도 자위에 대해서 설명하고 있는 책이 한권도 없더라고요. 트랜스젠더에 대한 이야기도 전혀 없고, 성정체성에 대한 설명도 없거나 너무 간소해요.

백영경 그러면서도 나라에서 HPV 백신주사는 맞히잖아요. 국가가 성교육에는 무관심하거나 무책임하면서도, HPV 백신이 국가 예방접종 사업에 포함되어야 한다는 데는 이견이 별로 없거든요. 국가가 원하는 정상적인 시민이나 여성상은 무엇인가라는 측면에서 국가의 책임을 말하지 않을 수 없습니다.

윤정원 '국가가 원하는 시민'이란 표현이 정확한 것 같네요. 이성애 가족을 꾸리고 일과 가정을 조화롭게 양립하면서 임신, 출산을 하고 인구를 늘리는 시민이란 이상적인 상이 있는 것 같아요. 이런 상에서 벗어나는 개인들에 대해서는 전혀 관심이 없죠.

백영경 요즘은 청소년기에 첫 성관계를 하는 경우가 많기 때문에 만 12세에 HPV 백신 접종을 하고 있습니다. 실질적인 성교육도 할 수 없고 성적 주체로도 인정하지 않지만, 백신 접종을 할 때만 성관계의 현실을 인정한다는 것이지요. 그런 점에서 국가의 모순적인 태도를 지적할 수 있습니다. 백신을 판다거나 기업을 지원하는 경우에는 청소년을 성관계하는 소비자로 보지만 주체적으로 성을 누리는 사람으로서는 절대 인정하지 않겠다는 것이니까요.

윤정원 의제강간 연령 논란에서도 마찬가지였습니다. 올해 n번방 사건을 계기로 법이 바뀌었지만 이전에는 의제강간 연령이 고작 13세였습니다. 즉 13세 이상의 미성년자가 동의했다면 성관계한 상대방을 강간죄로 처벌할 수 없었다는 말이죠. 이처럼 의제강간의 당사자일 경우에는 마치 성적 권리가 있는 주체인 것처럼 다뤘으면서 사실 법적으로 보장해주는 성적 권리는 전혀 없었죠.

여성 의료인으로 살아가는 것에 대하여

백영경 이런 여러가지 문제를 현장에서 직접 지켜보며 의사로서 어떤 생각이 드시나요? 내가 할 수 있는 일이 많다는 느낌을 받으시는지 아니면 무력감을 느끼시는지요.

윤정원 아무래도 무력감이 훨씬 크죠. 임신중지를 원하는 분들이나 성폭력 피해자들이 계속 찾아오는 상황에서 사실 번아웃이 되기도 했어요. 당사자를 한명 한명 직접 진료하는 것도 물론 큰 의미가 있겠지만 현실을 변화시키는 데 한계를 느꼈고 그러면서 방금 말씀드린 성교육이라든지 낙태죄 폐지 운동 등의 필요성을 절감하게 되었습니다. 지금도 의대생 교육, 청소년 성교육 도서 집필에 집중하고 있어요.

백영경 무력감을 느끼신다고 했지만 밖에서 바라보는 저는 많이 바뀌고 있다는 인상을 받습니다. 2019년 1월 인의협(인도주의실천의사협의회) 여성위원회에서 여성 의대생과 수련의를 대상으로 개최한 '언니가 있다'라는 멘토링 캠프에 선생님이 멘토로 참가하셨는데요. 그런 프로그램을 통해서 여성주의적인 의료를 고민하며 새로운 길을 개척할 여성 의사들이 앞으로 더 많이 생겨날 것이라 생각하면 가슴 벅찬 일이 아닐 수 없습니다. 굳이 여성주의를 거론하지 않더라도 일단 수적으로 여성 의사들이 더이상 소수가 아니기도 하고요.

윤정원 조금씩이라도 변하고 있는 건 확실히 맞습니다. 저의 경험을 예로 들자면 제가 의과대학 학생일 때, 2005년에 저희 학교에 'Women in Medicine' 그러니까 '여성과 의료'라고 하는 과목이 처음으로 개설되었어요. 큰 기대를 갖고 수업을 들었는데, 커리큘럼의 절반 정도는 외부 강사를 초빙해서 성인지의학•을 가르쳤고, 나머지 절반은 잘나가는 여성 의료인들을 모셔서 이야기를 듣는 시간이었어요. 롤모델로 초청되어 오신 분들은 교수든 개원해서 성공한 의사든 슈퍼우먼콤플렉스를 가지고 계시면서 실제로 슈퍼우먼이 되신 분들이었고, 어떻게 일-가정의 양립에 성공했는지 등의 이야기를 들려주셨습니다. 그래서 학기 초에는 상당히 흥미롭게 배우다가 후반부에는 기운이 빠졌던 기억이 있습니다. 그런데 지금은 인문의학 교실에서 다양한 소수자나 활동가를 초빙해서 하는 강연들도 늘리고 있다고 들었어요.

백영경 그런 수업이 실제로 의료인을 길러내는 방식을 변화시키고 있을까요? 의대생들 스스로의 노력이나 자의식에 새로운 흐름이 일어나고 있는지 궁금합니다.

윤정원 그것도 분명 사회적인 분위기를 반영한다고 생각해요.

• 성인지의학(Gender Specific Medicine)은 남성과 여성의 신체적 구조, 생리적 특성에 따라 질병에 노출될 위험과 임상양상, 치료에 대한 반응이 차이가 있기 때문에, 여성과 남성의 성차를 인식하고 이를 활용해 질병 치료에 접근해야 한다는 학문이다. 1990년대 하바드대 연구팀이 소량의 아스피린이 심장마비를 줄인다는 연구결과를 발표한 후 예방적 아스피린 요법이 크게 유행하였는데, 사실은 이 연구가 전부 남성만을 대상으로 한 것이었고, 이후 미국 국립보건원이 여성을 대상으로 연구했을 때, 심혈관 보호에 아무 효과가 없었다. 이 연구를 시발점으로 성인지의학이 태동했다.

예를 들면 제가 학교에 다닐 때 수업시간에 언어적 성폭력을 하던 교수가 있었어요. 당시 여학생회가 나서서 그 교수를 신고하고 수업을 못하게 했는데 몇년 후 여학생회가 없어지고 나서 보니까 다시 강의를 하고 있더라고요. 그래도 지금은 강의 평가나 학생을 보호하려는 목적의 설문조사 등이 조금씩 늘어나고 있다고 알고 있습니다. 실제로 2018년에 인권의학연구소에서 의대생을 대상으로 언어폭력, 성폭력, 성차별 피해 설문조사•를 했는데

• 이화영·김새롬·박은성·최규진 외 『의과대학 학생들의 인권상황 실태조사』, 국가인권위원회 2018.

그때 여학생 열명 중 일곱명은 성차별적 발언을 경험했다고 응답했고 열명 중 여섯명은 전공을 선택할 때 차별을 느꼈다는 조사결과가 나왔어요. 이러한 문제제기들이 이제 막 시작되고 있다고 봅니다.

백영경 전공과 관련된 차별이란 건 어떤 건가요?

윤정원 저는 산부인과라서 상대적으로 그런 차별이 적었는데, 전통적으로 남성들이 많은 정형외과나 신경외과, 이비인후과 등에서는 여성 정원 자체가 적었어요. 여성 인원을 제한해 한해의 전체 정원 다섯명 중 한명만 여성을 뽑는 식이었고, 성형외과 교실은 4년에 한명만 여성을 뽑았어요. 그러니까 모든 레지던트들 중에 여자는 한명뿐이었던 거죠.

백영경 그럼 여자들은 비인기 과로 몰리게 되나요?

윤정원 저희 때는 수련과정이 육체적으로 힘들더라도 전문의를 따고 나서 개원의나 봉직의가 되었을 때 수익을 많이 올릴 수 있는 과들이 인기 과였는데, 요새는 정신과, 재활의학과, 영상의학과처럼 상대적으로 환자대면이 많지 않고 의료사고의 위험이 높지 않은 과를 인기 과라고 하더군요. 여성이 비인기 과에 몰린다기보다는 수련과정이 힘든 과들에서 여성이 공공연하게 배제되었던 것이라 볼 수 있습니다. 작년 설문조사를 보면 전공의 지원 시 여성은 52.6퍼센트가 성차별을 경험했다고 응답한 반면 남자는 16.9퍼센트가 경험했다고 응답했어요.* 또 여성의 경우 인기과를 가서 그 어려운 과정을 수료했음에도 교수가 되지 못하는 경우도 많습니다. 흔히 '맘트랙'이라고 하는데, 교수가 되거나 대학병원에 가기를 포기하고 일-가정의 양립을 위해 중소병원에서 일하거나 파트타임처럼 시간을 내기 편한 직종을 선택하는 경우죠.

의대 교수의 경우 진료, 수술, 연구, 교육 등 맡은 일이 너무 많아 정해진 시간에 다 할 수 없습니다. 그러니까 늘 밤까지, 주말까지 풀타임으로 일하게 되는데, 그런 생활이 가능한 데에는 가정에서 이들을 내조하는 보이지 않는 노동이 있을 거예요. 교수의 업무가 지나치게 과중하다보니 이런 지원을 받을 수 있는 사람만 교수 트랙을 밟을 수 있게 되는 겁니다. 이게 과연 맞는 상황일까요.

남성이든 여성이든 결혼을 했건 하지 않았건 모두 그 업무에 지원할 수 있어야 합니다. 교수뿐 아니라 전공의, 간호사 등 의료인 전반의 업무환경과 업무강도에 대한 논의도 같이 이뤄져야 한다고 봅니다. 이제까지는 도제식으로 개개인의 완벽함을 갈고 닦는 방법으로 의학교육이 이루어져왔는데, 그 과정에서 권위주

* 「전공의 선발 과정에서부터 성차별 느끼는 의사들」, 『청년의사』 2019년 2월 26일.

의나 '태움문화'• 같은 부작용들이 나온 것이거든요. 상명하복과 권위주의 문화 속에서 성폭력이나 성차별, 인권침해 등은 말해지기 어려운 환경이 되었고요. 사실 지금의 비인간적인 업무환경과 노동환경은 환자의 안전과 직결됩니다. 환자의 안전과 의료인 개개인을 모두 보호할 수 있는 방향으로 업무환경이 변화할 수 있다면 성차별이나 성불평등도 개선되지 않을까 생각합니다.

백영경 업무환경이 변화하지 않는 것과 의사들의 특권의식은 서로 얽혀 있는 것 같아요. 한편으로는 의사직을 수행하는 것이 너무 어려우니까 특권을 누려 마땅하다는 인식이 있는 것 같고, 반대로 의사가 특권을 누리는 좋은 직업으로 인식되고 있는 상황이 일-가정 양립이나 더 나은 근무환경을 추구하는 걸 어렵게 만드는 면도 있는 것 같습니다. 월급을 그만큼 받았으면 그 정도는 감수해야 한다는 식의 사회적인 분위기가 있는 한편, 레지던트 같은 혹독한 시절도 의사라는 특권을 갖기 위해 당연히 겪어야 하는 과정으로 인식하는 반응들도 있어요. 결국 이런 질문들이 떠오릅니다. 대체 의사는 사회적으로 어떤 사람이어야 할까? 어떻게 길러져서 어떤 존재, 어떤 시민으로 우리 곁에서 함께 살아가는 사람이면 좋을까? 선생님 생각은 어떤가요?

• 간호사들 사이의 직장 내 괴롭힘 문화로 영혼이 재가 될 때까지 태운다고 해 붙은 이름이다. 2019년 서울의료원에서 일하다 스스로 목숨을 끊은 고(故) 서지윤 간호사에 대해 근로복지공단은 직장 내 괴롭힘으로 인한 산재로 인정했다.

윤정원 저는 영국이나 꾸바 같은 공공의료 모델이 이상적인 모델이라고 생각을 합니다. 이들 국가에서 의사는 모두 공무원입니다. 직업에 귀천을 두지 않는다는 사회적 공감대를 함께 만들어가는 가운데, 굳이 의사라고 해서 특권의식을 갖지 않고 임금도 크게 차이 나지 않습니다. 엄청난 지능을 요하는 특정 영역이 있긴 하겠지만 결국 의사는 반복적인 작업에 대한 성실성과 정확성이 중요한 기술자라고 생각하거든요. 한국에서 의대 문턱이 너무 높은 것도 저는 바람직하지 않다고 봅니다. 의대의 문턱이 높으면 기존에 특권을 누리던 사람들만 의대에 들어가게 되는 상황이 반복되잖아요.

백영경 어려웠던 만큼 보상에 대한 기대가 더 커지기 마련이죠.

윤정원 맞습니다. 그런 맥락에서 의사집단이 대중과 더 멀어지고 유리되는 부분이 있다고 생각합니다. 하지만 개개인의 차원에서 보면 의료봉사나 무료진료를 하시는 분들, 각자의 영역에서 사회에 도움이 되는 활동을 하시는 분들이 의사집단 안에도 상당히 많습니다. 그렇기 때문에 개개인의 문제가 아니라 구조적인 차원에서 들여다보고 싶은 겁니다. 의과대학과 교육과정에 안에 인권 감수성을 키워주고 성평등을 지향하는 인문학 교육이 더 많아져야 한다는 거죠.

새로운 의료의 흐름을 만드는 여성주의 의료

백영경 그렇다면 한국의 의료체계에 제도적으로는 어떤 변화가 필요하다고 보시나요?

윤정원 건강보험체계나 건강정책 안에서 소수자 포괄적인 연대의식을 보여줄 수 있는 정책들이 더 나와야 된다고 생각하는데, 다소 이상적인 이야기지만 변화의 실마리는 계속 나오고 있습니다. 여성주의 의료생협인 살림의원이 좋은 전례를 보여주고 있습니다. 페미니스트 의료진이 환자가 자신의 몸에 대해 주권과 정체성을 가지고 있는 존재라고 존중하는 입장에서 판단하면 환자와의 소통에서도, 진료에서도 좋은 결과가 나온다는 가치•를 실현해나가는 곳입니다. 이곳에 배우러 찾아오는 의대생들과 젊은 의료인들도 많고요. 대안적인 의료에 대한 열망은 계속 생겨나고 있다는 점에서 희망을 갖고 있어요.

궁극적으로는 공공의료 모델에서 성평등하고 소수자 포괄적인 방향을 만들어나가야 한다고 생각하는데요, 지금 근무하는 국립중앙의료원의 모토가 누구나 최상의 진료를 제공받고 행복한 삶을 누릴 수 있도록 한다는 것입니다. 흔히 말하는 소외계층,

• 추혜인 『왕진 가방 속의 페미니즘』, 심플라이프 2020.

의료급여환자, HIV/AIDS 감염인, 탈북자, 학교 밖 청소년 등 소수자들의 진료를 도맡고 있어요. 이런 가치가 확장되어 의료 사각지대에 있는 성소수자, 임신중지를 해야 하는 여성들, 성판매 여성들에게도 '내가 갈 곳이 있구나' 하고 마음 둘 수 있는 공간으로 공공의료기관들이 자리매김하길 바랍니다. 물론 이들 소수자들이 어느 의료기관에서도 차별받지 않고 양질의 진료를 받을 수 있게 되는 것이 가장 궁극적인 목표이긴 합니다.

그다음에 또 주목하고 있는 운동이 있어요. 2018년에 전북대에서 성폭력 사건이 일어났는데, 당시 학교가 가해자였던 의대생에 대해 미온적인 조치를 취하다가 실형 선고 이후에 그 학생을 제적시켰거든요. 당시 그 지역 여성주의 의료인들과 활동가들이 재판에 사람들의 관심을 집중시키고 전북대 앞에서 피켓시위를 했습니다. 시민사회가 연대해서 만들어낸 성과인 거죠. 이후 의제를 더 확장시켜서 의료인 성폭력 근절을 위한 전북대책위원회를 만들고 성폭력 범죄를 저지른 의료인의 면허 박탈을 촉구하는 운동으로 흐름이 이어지고 있습니다. 그동안 의료가 눈감고 있던 부분을 주목하라고 이야기하는 거죠.

백영경 새로운 의료의 흐름을 만들어내는 과정에서 여성주의 운동이 여성을 위한 변화는 물론이거니와 좀더 근원적인 차원에서 변화를 일구고 대안적인 의료를 모색하고 있다는 말씀이신 것 같아요. 또 그동안 공공의료를 논하면서 시민의 주체성을 강조해왔지만 시민이란 개념이 너무 포괄적이어서 실제로 새로운 흐름을 만들어내지는 못하다가 생협 등의 조직을 통해 지역과 만나면서 대안적인 흐름을 만들어내고 있는 것 같습니다. 관련해 구체적인 사례를 들어주실 수 있을까요?

윤정원 살림의원에서 화장실 개조하는 과정을 예로 들 수 있을 것 같아요. 원래는 남자 화장실과 여자 화장실이 나뉘어 있는 구조였는데 트랜스젠더 환자도 많고 조합원들 대부분이 여성이다 보니까 화장실을 개조할 계획을 세웠어요. 처음에는 여자 화장실을 크게 확장하고 남자 화장실을 축소하는 정도로 생각을 했다가 조합원들의 새로운 요구들에 직면을 하게 됩니다. 기저귀 교환대가 여자 화장실에만 있는 건 성차별이라는 의견, 장애인 화장실을 따로 만들어달라는 의견, 성별이 구분되지 않는 화장실에서 실질적인 공포를 가지는 여성들도 있다는 의견 등을 조합에서 수렴해 민주적인 구조로 의결해나가는 과정을 거치게 되었고 결국엔 성중립 화장실이 만들어집니다. 남성 소변기와 장애인용 미닫이문, 기저귀 교환대가 모두 설치되어 있고 남성, 여성, 트랜스젠더 등 누구나 이용할 수 있어요. 그럼에도 성별이 섞이는 것을 불안해하는 여성들이 있기 때문에 하나는 여성전용 화장실로 남겨두었고요. 이렇게 화장실이 바뀌면서 딸을 데리고 온 아버지가 편하게 기저귀 교환대를 이용할 수 있게 되는 등 더 많은 사람들에게 다양한 편의를 제공하게 된 거죠. 저는 이 과정이 생협이 지향하는 바를 상징적으로 보여준다고 생각합니다. 구성원들의 요구를 민주적인 협치과정을 통해 수렴했고, 그것이 결국 다수에게 이득이 된다는 걸 잘 보여줬다고 생각합니다. 다만 고민거리도 있습니다. 조직이 커지면 조직 안에서 설득하고 조율해나가는 과정이 더 복잡해지고 민주적 의사결정이 늦어지거나 사안에 기민하게 대응할 수 없다는 어려움도 분명 생기거든요. 조직을 운영하고 여러 사람의 의견을 모으는 데 있어서 어디까지 평등해지고 어디까지 투명해지는 것이 맞는 것인지 정해진 답이 있는 게 아니니까요.

백영경 사실 구성원의 의견, 시민의 뜻이라는 게 항상 옳다고 하기는 어려울 수도 있죠. 모순적인 성격도 있고요. 이를테면 주민이 주체가 되어야 된다는 일반론이 있지만 현실에서는 이들과 전문성이 어떻게 결합되고 조율될 것이냐의 문제가 늘 존재하지 않습니까? 숙의의 과정을 통해 접점을 찾아가는 것이 절대 쉽지 않고 고단하기 때문에 포기하는 경우도 많을 것 같습니다.

윤정원 그 작업을 계속하고 있는 모델로서 살림의원을 존경해요. 일례로 한 HIV 환자의 치과진료 사례가 있습니다. 살림에서는 치과도 운영하고 있는데, 하루는 임플란트 시술이 필요한 HIV 환자가 진료를 받으러 왔어요. 치과 선생님은 진료를 보려 했는데, 병원의 다른 직원들이 진료를 못하겠다고 반발한 거예요. 의료시술에 의한 감염 위험도나 전파 가능성 등 의학적 지식에 근거한 판단이 아니라 무지에서 나온 편견이었습니다. 결국 그 환자가 당시에는 진료를 못 받았는데 그후에 감동적인 일이 벌어집니다. 살림의원은 HIV 감염인과도 함께 살아가는 의원이 되겠다는 의지를 가지고 이사회에서 적극적으로 HIV 인권단체 활동가와 감염내과 의사를 초청해 HIV에 대한 직원교육 및 주민교육을 실시합니다. 그리고 1년 만에 구성원들 동의를 모두 얻어 HIV 환자의 진료를 시작했다고 합니다. 숙의의 과정을 통해 이룬 놀라운 변화죠.

지금 일하고 있는 국립중앙의료원에서는 거의 모든 HIV 진료를 하고 있는데 산부인과에서도 HIV 환자 분만, 난임시술을 자주 하다보니 의료진이나 원무과 직원 모두 감염인을 굉장히 자연스럽게 대하고 있어요. 제가 레지던트 때 있던 사립대학 병원에서는 HIV 환자가 워낙 드물어 HIV 환자의 분만이 있으면 의료인들이 전부 레벨4 방호복을 우주인처럼 입고 수술실에 들어갔어요. 그런데 국립중앙의료원에서는 감염인들이 제대로 투약과 치료를 받아 바이러스 수치가 낮게 조절되고, 감염 위험도가 낮다고 판단되면 가이드라인대로 다른 환자들과 똑같이 수술을 합니다. 이후 방역과 기구소독은 프로토콜대로 철저히 하고요. 이렇듯 공공병원이니까 더 잘할 수 있는 분야가 분명히 있다고 생각해요. 다만 제가 고민하는 다양성을 얼마나 더 수용할 수 있을까, 지속적으로 근무 가능한 의료인들이 안정적으로 공공병원에 수급이 될까 하는 고민들이 아직 남아 있습니다. 실은 코로나 19 때문에 공공의료에 대한 관심이나 인식이 높아져서 정부 지원이 좀더 많아질 줄 알았어요. 그래서 더욱 이 시기에 공공병원을 가야겠다고 생각했던 건데 지금 문재인정부에서 추진하는 뉴딜정책을 보면 그렇지만도 않더라고요.

백영경 의료에서는 스마트의료 인프라 확충과 비대면 의료 시범 사업 확대와 같이 전체적으로 비대면 의료를 강하게 밀고 있죠.

윤정원 네. 오히려 그동안 못했던 의료민영화, 원격의료 등을 추진하는 모습들을 보면서 좀 허무해지기도 합니다. 저도 아직은 계속 실험해보는 중입니다. 개인적으로 나중에는 시민 클라우드 펀딩 모델로 '셰어 클리닉'을 만들어보고 싶어요. '성적권리와 재생산정의를 위한 센터 셰어'(SHARE)는 국내 최초로 성별, 연령, 장애, 인종, 국적, 성적 지향·성별정체성 등에 관계없이 모두에게 성건강 전문상담과 의료지원, 포괄적 성교육 접근성을 보장하고, 이를 위한 법과 정책을 연구하는 통합센터입니다. 같은 생각의 구성원들과 함께 소수자까지 완전히 포괄하는 공간을 한번 만들어보고 싶은 마음이 있고, 장기적으로는 제도권이 이러한 아이디어들을 많이 가져가주길 바랍니다.

자기 몸의 주인으로 살아가기 위해

백영경 어떤 의료를 꿈꿀 것인가에 대한 이야기를 해보니 결국 사람들이 원하는 것은 내 몸을 잘 알고 내 몸의 주인이 되는 것이라는 생각이 드네요. 어떻게 하면 우리 모두 자기 몸에 대한 주인이 될 수 있을까요?

윤정원 우선 지금까지 임신과 출산에서조차 여성 소외가 있었던 부분을 짚고 싶습니다. 제왕절개를 예로 들어볼게요. WHO는 전체 분만 중 제왕절개를 통한 분만이 15퍼센트를 넘지 않도록 권고하고 있습니다. 자연분만이 곤란하거나 태아가 위험한 상황에서 하는 것이 제왕절개 수술인데, 자연발생적이라면 전체 임신의 15퍼센트 이내라는 거죠. 제왕절개가 산후 회복도 더 느리고, 의료자원도 더 많이 소모되고, 합병증, 마취 부작용 등이 있기 때문에 보건학적으로 이런 권고를 하는 거라고 생각하시면 됩니다. 그런데 우리나라의 제왕절개 분만 비율은 40퍼센트가 넘고 OECD 국가 중에서 2위예요. 물론 고령 임신과 고위험 임신이 늘어나 제왕절개가 증가한 것도 사실이지만, 이 정도로 높은 것은 의사의 유도 때문이라고 봐야 합니다. 의사들은 출산율이 떨어지고 분만 인프라가 붕괴되어 산부인과를 기피하는데다, 의료사고의 위험이 항상 있다보니 방어적으로 진료를 하게 됩니다. 분만 중 조금만 태아 심박수가 떨어져도, 출산의 진행이 조금만 더뎌도 제왕절개를 권유하는 거죠.

같은 맥락에서 조산원이 몰락하고 99퍼센트의 출산이 병원에서 이루어지는 것도 출산의 의료화·병원화로 설명할 수 있습니다. 외국에는 '둘라'라는 직업이 있어요. 출산 전·중·후에 신체적·정신적 지지와 정보를 제공하고 산후조리와 신생아 돌봄을 도와주는 전문가를 말해요. 둘라가 참여한 출산은 더 낮은 합병증률과 더 높은 만족도, 높은 모유 수유율을 보인다는 연구 결과들이 있어서 외국에서는 지자체 차원에서 적극 도입하는 추세입니다. 산모를 병원으로 오게 하는 게 아니라 둘라와 조산사가 가정을 방문해 신생아 돌봄을 하는 거죠. 반면 한국은 철저하게 의료화·병원화가 진행되면서 있던 조산원도 문을 닫고, 간호사가 조산사 자격증을 따서 의사를 보조하는 식으로 병원시스템을 강화시키는 상황이죠.

오히려 외국에서는 의료 부문에서 시민의 자율성이 강조되고 내 몸의 주권을 지키자는 목소리가 커지면서 조산사가 늘어나고 있습니다. 미국에는 '블랙라이브즈매터'(Black Lives Matter) 운동이 있기 전부터 '블랙마마스매터'(Black Mamas Matter)라는 운동이 있었어요. 흑인의 높은 산모 사망률이 인종 문제이자 권력의 문제이고 의료구조의 문제이기도 하다는 문제의식이 형성되었고, 여성주의 활동가들이 그에 대응해서 둘라를 교육해서 배출시키는 활동을 하고 있습니다. 둘라 여성이 늘어나는 것은 의료권력을 나눠 가진다는 의미도 있지만 의료경험의 질을 개선하는 의미도 있습니다. 그런데 우리나라는 조산사가 줄어들고 있고, 외국인들만 대상으로 하는 고급서비스의 하나로 이태원 일대에서 활동하는 둘라가 있다고 합니다. 이런 식의 상업화도 상당히 우려스럽죠.

백영경 왜 한국에만 들어오면 모든 흐름이 상업화되어버리는 걸까요? 폭력 없는 탄생을 지향하는 자연주의 출산인 르부아예 분만(Leboyer birth)이나 수중분만도 모두 한국에서는 출산문화 전반을 바꾸기보다는 지불 능력이 있는 사람들이 선택할 수 있는 값비싼 상품이 되어버렸습니다.

윤정원 소비자주의 때문이죠. 이를테면 임신중지를 둘러싸고 여성운동 진영은 '낙태가 죄라면 국가가 범인이다'라는 슬로건으로 국가의 책임을 강조하고 미프진을 식약청에 등재해 국내에 도입해야 한다는 주장을 했습니다. 그런데 일부 래디컬 페미니스트들은 '국가는 내 몸에서 손 떼'라는 슬로건을 내세우며 '마이 바디 마이 초이스'를 넘어서지 못하는 맥락에서 접근하기도 했어요. 미프진을 도입하면 개인이 약국에서 미프진을 바로 사서 먹을 수 있는 상황을 그리는 수준에서, 말 그대로 내 몸은 내가 알아서 한다고 하는 소비자주의로 접근한 거죠. 아무리 안전한 약이라고 하더라도 부작용이 발생할 가능성이 있고, 이를 위해 의약품 관리시스템과 의료체계, 의료인 교육 등의 제도가 뒷받침되어야 하는데 무작정 사용한다는 위험한 발상은 경계해야 한다고 봅니다.

백영경 제 주변에서도 미프진이 안전한지 묻는 분들이 많은데, 사실 약물의 안전성이라는 게 단순히 안전하다/안전하지 않다는 식으로 나눌 수 있는 게 아니잖아요. 어떤 의료체계에서 어떤 상황에 사용하느냐가 중요한 거죠.

윤정원 전적으로 동의합니다. 일반 시민들에게 유통되는 의료정보라는 것들의 상당부분이 결국 건강보조식품, 화장품과 시술, 병원에 대한 정보들이에요. 내 몸의 주인이 되기 위해서 더 많은 정보를 알고 현명한 소비자로서 안목을 갖는 것이 중요하다고들 하지만 실상은 가짜정보가 너무 많고 어떤 정보가 제대로 된 정보인지를 판단하는 게 쉽지 않습니다. 이건 정보의 비대칭 문제라기보다는 리터러시(literacy), 즉 정보를 파악하는 능력의 문제라고 봐요.

그런 의미에서 국립중앙의료원이나 대한의학회에서 좀더 분발해야겠다는 위기의식이 들어요. 요즘 사람들은 유튜브를 보고 블로그에서 질병을 검색하지 대한의학회에서 발간하는 질병정보 사이트에 들어가지 않거든요. 감염병이 퍼지는 요즘 같은 때일수록 정부가 어떤 입장을 취하고, 어떤 정보를 어떻게 전달할 것인가가 중요한데, 결국은 계속 이야기했듯이 누구도 차별받거나 배제되지 않아야 한다는 감각이 필요합니다. 미국에는 'Choosing Wisely'(현명한 선택)라는 캠페인이 있어요. 불필요한 의료행위와 치료를 줄여 과잉진료를 방지하자는 취지로 2012년 미국내과의사회에서 시작된 운동입니다. 쉽게 말하면 각 학회가 '이것'은 하지 말자고 제시하는 겁니다. 영상의학회에서는 사소한 두통 환자는 CT촬영을 하지 않을 것을, 가정의학회는 20세 이하 여성에게 자궁경부암 검진을 하지 않을 것을 제안하는 식이죠. 저는 이 운동이 전문가주의와 의료주권운동이라는 두 흐름이 결합된 좋은 모델이라고 생각합니다. 예를 들면 회음절개를 하지 않는 게 좋다고 의학회에서 성명을 내면 캠페인 재단에서 회음절개를 하는 병원과 하지 않는 병원의 정보를 제공함으로써 소비자가 합리적인 판단을 내릴 수 있도록 해주거든요.

그런데 우리나라는 상업적 왜곡이 너무 심해서 어떤 사람이 정보를 알게 되면 그 사람만 더 양질의 서비스에 접근할 수 있게 됩니다. 정보의 비대칭성이 예전에는 의료인과 대중 사이에 있었다면 이제는 대중 안에서도 그 간극이 벌어지고 있다는 느낌을 강하게 받습니다. 이런 상황에서 결국은 정부의 역할을 강조할 수밖에 없습니다. 공신력 있는 정보들을 믿을 수 있는 방법으로 전달해야 해요.

백영경 일단은 정부가 그런 문제의식을 가져야겠죠. 여성은 여성대로 자기 몸을 더 제대로 알고, 단순한 소비자에서 벗어나려는 의식적인 운동이 필요하며, 의료인은 의료인대로 환자인 여성을 중심에 놓는 실천을 하려는 노력이 필요한데, 정부를 변화시키는 노력까지 다각적인 차원에서 접근이 필요하다는 생각이 듭니다.

윤정원 고위직에 더 많은 여성이 올라가야 하는 점도 빼놓을 수 없죠.

백영경 코로나19 시대에 질병관리본부가 질병관리청이 되면서 많은 업무와 권한을 이관받는다고 하지만 모든 게 감염 위주고, 여성건강이나 젠더나 생식건강에 관한 논의는 전혀 없는 것 같아요. 소수자 건강과 관련해서는 이전보다 더 후퇴할 수 있을 것 같고요.

윤정원 미국에서는 가정폭력이나 성폭력 문제가 CDC(Centers for Disease Control and Prevention, 질병통제예방센터) 관할이에요. 미국에서는 이걸 건강의 문제라고 보는 겁니다. 폭력이 일어나는 상황도, 당사자들의 사회적·심리적·정신적 배경도 다 건강의 영역인 거죠. 그리고 폭력 때문에 저해되는 여성의 삶도 결국 건강과 보건의 영역이라는 인식이 대부분의 선진국에서는 굉장히 확고하게 자리잡아 있습니다. 반면 우리나라는 성폭력이나 가정폭력을 여성가족부에서 맡고 있는데 제가 현장에서 진료를 해보면 아쉬움이 많습니다. 진료현장에서 어떤 일이 일어나고 있는지 여성가족부에서 모니터링을 전혀 하지 않고 매뉴얼과 돈만 주는 시스템입니다. 예를 들면 성폭력 피해자들이 어떤 성매개 감염에 더 취약한지 등에 대한 데이터를 조사하고 통계자료도 만들어야 하는데 그런 역할을 전혀 하지 않아요. 여성가족부가 의료기관의 상급기관이 아니기 때문에 발생하는 일입니다. 물론 성폭력의 모든 사항을 보건복지부가 전담할 순 없겠지만 적어도 의료와 관련된 부분만은 보건복지부가 담당해야 하는데, 보건복지부가 이 문제를 여성가족부에 맡겨놓고 아무것도 하지 않고 있는 게 문제라고 봅니다.

그렇지만 저는 여전히 운동의 잠재력을 믿습니다. 대중의 인식과 문화 자체를 계속 건드리는 여성운동의 힘이 크다고 봐요. 사실 운동은 대중적인 작업뿐만 아니라 정책적인 작업에도 개입하고 영향을 미칩니다. 기나긴 운동 끝에 낙태죄가 헌법불합치 결정을 받았을 때 여성운동이 정말 오랜만에 승리감을 맛봤잖아요. 많은 사람들이 그걸 보면서 희망을 피부로 느꼈고 뭔가 변화되고 있다는 실감을 얻었습니다. 물론 운동이란 게 너무 어렵고 나서서 하는 사람도 별로 없고 툭하면 외면받다보니 낙관하기는 힘들죠. 쉽지 않겠지만 늘 희망은 있습니다.

백영경 많은 문제가 얽혀 있고 앞으로 갈 길이 멀기는 해도 이제까지 운동이 성취해온 중요한 변화들 속에서 희망을 찾을 수 있을 것 같습니다. 여성과 소수자의 운동이 의료계와 정부를 변화시키고, 그렇게 만들어진 새로운 공간과 자원이 다시 더 큰 변화를 이끌어내리라는 희망을 가져봅니다.

대담
이지은

4장

사람답게 아프고 늙어간다는 것

이지은

연세대 문화인류학과 교수. 시간이 몸에 남기는 흔적을 지울 수 있다는 생명과학기술의 약속에 관해 공부하던 중, 노화와 질병에 대한 불안을 직면해야겠다는 생각에 '치매'를 포함한 노인문제에 관심을 가지게 되었다. 과학기술과 의료의 인류학을 공부하며 아픈 몸으로 사는 삶, 혹은 아픈 사람을 돌보는 삶이 살아볼 만한 것이 될 수 있는 세상에 대해 생각하고 있다. 함께 지은 책으로 『새벽 세시의 몸들에게』가 있다.

의료의 전문성, 그 안팎을 넘나들기

백영경 사람의 의료라는 큰 주제 아래 의료의 공공성, 인권, 여성 및 소수자의 건강권 등에 대해 이야기를 나눠왔습니다. 오늘은 실제로 일상생활에서 우리가 의료를 어떻게 경험하는가 하는 이야기를 나눠보려고 합니다. 지금까지 의사, 간호사 선생님을 모시고 이야기를 들어보았다면 오늘은 의료인류학을 연구하는 이지은 선생님을 모셨습니다. 의료인이라는 전문가들과 일반 시민들이 어떻게 관계를 맺고 서로 활용해야 하는지에 대한 이야기도 나누고 싶은데요. 흔히 의료전문가 하면 직접 진료활동을 하는 의사를 떠올리지만 선생님처럼 의료를 사회과학의 대상으로 보고 연구하는 사람도 의료전문가로 볼 수 있습니다. 일반 시민들 역시 개별 주체로서 스스로 파악하고 있는 몸에 대한 전문성이 있죠.

이지은 저도 의료인류학을 하는 입장이지만 의료의 경계가 어디까지인가, 누가 의료전문가인가 하는 질문을 떠올리면, 의료전문가는 그래도 의사인가보다 하는 생각이 듭니다.(웃음) 의료라는 분야가 전문지식을 기반으로 하기 때문인 것 같아요. 의료 분야는 위계질서가 굉장히 명확하니까, 의료전문가라고 하면 이 질서의 꼭대기에 있는 사람, 오랜 훈련과 전문지식의 교육과정을 통해 성취된 지위라는 생각을 은연중에 하게 되는 것 같습니다.

백영경 의료인류학을 연구한다고 말해도 결국은 사람들이 건강상담을 하지 않나요? 저도 의료인류학을 하는 입장이다보니 건강정보, 명의에 대한 정보, 치료법에 대한 질문을 종종 받습니다. 의사는 아니지만 일반인보다 많이 알고, 돈을 내지 않고도 길게 상담을 받을 수 있는 사람으로 여겨지는 것 같아요.(웃음)

이지은 선생님께서 보통사람들의 전문성에 대해 말씀해주셨는데 저도 동감합니다. 저는 치매 관련한 연구를 주로 해왔는데, 관련 상황들을 계속 보고 들으면서 치매환자를 돌보는 사람들이 지니고 있는 지식과 팁들이 전문성의 한 영역으로 여겨졌습니다. 체계화되지 않았고 상황적인 지식들이긴 하지만, 이러한 지식들의 전문성이 더 강조되어야 한다고 생각하고 있습니다. 돌보는 사람들이 만들어내는 지식들은 치매가 뇌에 발생한 신경학적 퇴행과 인지적 문제일 뿐 아니라 이와 관련되는 일상생활과 관계의 변화라는 점에 집중하게 해주고, 그 변화에 대처하는 구체적이고 창의적인 방법들을 가르쳐주기도 합니다. 또 치매와 함께 살아갈 수 있는 여러 방식들을 배우고 또 상상하는 데 중요한 자원이 됩니다.

백영경 꼭 돌봄에 국한된 지점만도 아닌 것 같습니다. 생의학적 지식의 경우에도, 그 지식을 외우는 것은 오히려 누구나 할 수 있는 일입니다. 요즘은 누구나 정보에 접근할 수 있고 의학논문도 찾아볼 수 있죠. 하지만 진짜 전문성을 지닌 의사이려면, 자기 지식의 한계를 알고 같은 지식이라도 달라진 맥락이나 상황에 적용할 수 있는 능력이 있어야 하는 것 아닐까요? 진짜 능력은 시험이나 의사 면허를 통해 검증되는 게 아니라 여러 경험을 통해 자기가 익힌 지식이 어떻게 활용될 수 있는가를 깨우쳐나갈 때 비로소 발현되는 거겠죠. 간병이나 치매 관련해서는 특히 상황적인 지식이 중요한데, 이 지식들이 단지 주변적인 지식이 아니라 상황적인 지식을 다룰 수 있는 능력 자체가 전문성이라고 더 높이 평가되어야 할 부분이 아닐까 생각합니다.

노화의 두려움, 짐이 되는 것의 공포

백영경 코로나19 사태가 터지면서 돌봄의 공백, 돌봄의 위기가 문제화되면서 돌봄에 대한 사회적 관심이 굉장히 높아졌습니다. 돌봄을 강조하는 목소리가 높지만 코로나19 사태가 터졌다고 해서 저절로 바뀌는 것은 없겠지요. 이 문제는 코로나19를 통해 부각되긴 했으나 이전부터 한국사회의 심각하고도 고질적인 문제로 존재해왔습니다. 돌봄 문제는 고령화 현상과 떼놓고 말할 수 없을 텐데요. 고령층 인구는 점점 늘어나는데 돌봄 인력은 부족하기 때문에 점점 더 문제가 심각해질 거라는 걱정들을 많이 합니다. 사람들은 오래 사는 것에 대해 어떻게 느끼고 있는 것일까요? 한편으로는 오래 살고 싶다는 바람이 있지만 또 한편으로는 오래 사는 것에 대한 공포도 만만치 않게 큰 것 같습니다.

이지은 장수는 인류의 꿈이라고들 하지만 사실은 건강한 상태가 아니면 안 된다라는 감각도 분명히 존재합니다. 예전에 우연히 동네 커피숍에서 한 할머니를 만난 적이 있어요. 프랜차이즈 커피숍에 80세 넘어 보이는 할머니가 온 것이 낯설어 지켜보고 있었는데, 실내를 돌아다니시더니 저한테 오늘이 무슨 요일이냐고 물으셨어요. '월요일인데요' 그러니까 '아 월요일이야? 일요일인 줄 알았네, 월요일이라 교회를 닫았구나' 하고 서성거리시더니 똑같은 걸 또 물어보세요. 서너번 물어보시다가 자기가 허리가 너무 아프니 제 옆자리에 앉아도 되겠냐고 하셔서, 뭐 제 자리도 아니니까 앉으시라고 했죠. 그러다 이분이 자신의 개인사를 두서없이 들려주셨는데, 그중 기억에 남는 이야기가 원래 성당을 다니셨는데 무릎이 안 좋아져서 가까운 교회를 다니시게 되었다는 거예요. 그러다 교회에 우산을 놓고 와서 그걸 찾으러 가야 하는데 오늘이 월요일이야 이런 얘기를 하시다가 갑자기 교회 가서 기도를 해야 한다는 거예요. 빨리 죽게 해달라고. 이분이 남편 간병을 오래 했고, 남편은 돌아가셨는데, 이제 사는 게 너무 아프고 힘들다는 거예요. 안 아프고 빨리 죽게 해달라고 자기는 기도해야 한다고.

언제 끝날지 모르는 삶에 대한 불안은 분명히 존재합니다. 그런데 이러한 불안이 어디에 기인하고 있는가에 대해서는 생각해볼 필요가 있는 것 같아요. 한 연구는 신체적 건강이나 경제적 조건 등에 대한 인식도 노인의 불안에 영향을 미치지만, 가족 및 이웃과의 관계, 사회적 소속감, 사회와 타인에 대한 신뢰 정도와 같은 주관적 감각들이 노인의 사회·심리적 불안과 높은 상관관계를 가진다고 보고하고 있습니다.[•] 특히 우리 사회를 불평등한 사회로 인식할수록, 타인에 대한 신뢰가 낮을수록 불안을 느낀다

• 이상영 외 『한국사회의 사회·심리적 불안의 원인 분석과 대응 방안』, 한국보건사회연구원 2015.

는 이야기는 주목할 만합니다. 건강하지 않은 상태로, 경제적 여유가 없는 상태로 오래 산다는 것에 대한 불안과 공포가 죽음에 대한 실존적 공포보다 더욱 큰 것 같습니다.

실제로 주변에 폐를 끼치지 않았으면, 자식들에게 짐이 되지 않았으면 하는 바람이 크고, 빨리 죽는 게 낫다는 이야기도 많이 듣게 됩니다. 한쪽에서는 백세시대, 장수만세 같은 말들이 많이 나오지만, 사실은 건강하지 않은 상태, 의존적인 상태로 오래 사는 것은 바라지 않고 그 기간을 어떻게든 줄이고 싶어하죠.

백영경 그런 성향은 주로 여성 노인들이 보이는 특징이지 않나요? 주변 사람들에게 폐가 되는 것을 두려워하는 모습은 확실히 여성 노인들에게서 더 많이 발견하게 되는 것 같습니다.

이지은 성별에 따른 차이는 나이 듦과 돌봄을 어떻게 경험하느냐의 문제와 관련되는 것 같습니다. 아프고 나이 들어가는 누군가를 가까이에서 돌본 경험을 한 사람들, 특히 그 돌봄의 경험이 고통스러웠던 사람들에게는 그 두려움이 매우 구체적인 문제로 다가오는 것 같습니다. 물론 돌봄 경험이 바로 두려움으로 이어지는 것은 아닐 것입니다. 다른 사람들로부터의 도움과 지지 없이 누군가를 돌보는 경험을 했다면, 타인의 고통을 지켜보면서 동시에 본인의 고통을 감내해야 했던 상황이라면 돌봄을 받게 된다는 것이 더욱 큰 두려움이 될 것 같습니다.

백영경 2004년 미국에 안락사 논쟁을 불러일으킨 테리 샤이보(Terri Schiavo) 사건이 있습니다. 샤이보는 1990년 심장발작으로 심각한 뇌손상을 입었고, 의사들로부터 회복 불능이라는 판정을 받았습니다. 이후 튜브로 음식물을 공급받는 식물인간 상태로 지내왔고요. 남편은 아내의 안락사를 원하고 친정 부모는 반대하면서 갈등이 시작됐죠. 환자는 평소 안락사에 관한 입장을 밝혀놓지 않았어요. 재판 과정에서 남편은 아내가 인위적으로 생명을 유지하고 싶어하지 않을 것이라고 주장했고 친정 부모는 딸이 살고 싶어할 것이라고 맞섰습니다.• 결국은 안락사를 허용하는 판결이 나왔는데, 저는 그 과정에서 보여준 시민들의 반응이 흥미로웠어요. 길거리 인터뷰를 하는데, 볼티모어 빈곤가의 흑인 청년들은 대체로 안락사에 반대합니다. 생명은 귀중하기 때문에 누구도 타인의 생명을 인위적으로 중단시켜서는 안 된다는 거죠. 반면 부유해 보이는 백인 노인들은 안락사를 지지하는 입장이었습니다. 그렇게 사는 건 사는 게 아니기 때문에 음식물 공급용 튜브를 제거해야 한다는 거예요. 이 논란을 보면서 자

• 배금자 「테리 시아보 사건 — 소극적 안락사 문제」, 『대한변협신문』 2005년 4월 7일(http://news.koreanbar.or.kr/news/articleView.html?idxno=1024); Charles Weijer, "A death in the family: reflections on the Terri Schiavo case," *The Canadian Medical Association Journal* 172 (9), 2005(https://doi.org/10.1503/cmaj.050348).

기 앞에 어떤 삶의 가능성이 있느냐에 따라서 죽음에 대한 태도가 다를 수 있다는 것을 느꼈습니다. 자신의 생명이 하찮게 취급받을 수 있고 거래될 수도 있다고 생각하는 사람들은 인공적으로 생명을 중단시키는 게 공포로 다가오는 반면, 경제적 여유가 있어서 생명연장장치를 사용할 수 있는 사람들은 오히려 그러한 장치에 의존한 채 목숨을 연명하는 것이 더 큰 공포로 다가오는 것이죠. 한국사회의 죽음이나 노화에 대한 공포, 의존에 대한 두려움 역시 우리 사회의 어떤 특성을 반영하는 것이겠죠?

이지은 그렇습니다. 기본적으로 '짐이 된다'라는 말이 전제하고 있는 것은 바로 식구들이죠. 치매를 누가 책임지느냐는 누구에게나 닥칠 수 있는 문제이기 때문에 '짐이 되지 않기 위해'라는 설득은 대중적으로 굉장히 큰 호소력을 지닙니다. 2017년 문재인 대통령이 후보였던 시절 발표했던 공약 소개 영상인 '주간문재인' 첫 회는 '치매국가책임제'에 관한 것인데요. 도입부에서 문재인 당시 대통령 후보는 "내가 네 엄마를 죽였다"라는 말과 함께 치매 아내의 수발을 들다 "결국 아내를 죽이고 만" 한 남성의 사례를 소개하며 이야기를 시작합니다. 치매환자 돌봄이 사회가 함께 풀어가야 하는 문제라는 취지에는 동의하지만, 이를 풀어내는 방식이 "어느 날 갑자기 불쑥 찾아온 병으로 가족 전체가 불행의 나락으로 떨어"지는 것을 막기 위한 것이라고 설명하는 것이어야 하는지에 대해서는 의문이 듭니다. 치매와 함께 더 잘

살아가기 위한 사회를 상상하기 위해, 치매환자를 개인이 '감당'할 수 없는 부담으로 호출하는 것에 대해 불편함을 느끼는 것은 저 한 사람만은 아닐 것 같습니다.

백영경 요즘 텔레비전에서 치매보험 광고가 정말 많이 나오는데요. 그중 어느 광고의 설정이 이렇습니다. '새벽같이 일어나 제일 먼저 출근해 일분일초도 허투루 쓰지 않는 우리 아들, 그렇게 아낀 시간을 저의 치매 간병에 쓰고 있습니다.' 치매 노인이 침대에 누워 있고, 말끔한 청년이 그 곁에 엎드려 자고 있는 모습이 나옵니다. 굉장히 비현실적인 그림이죠. 또다른 설정은 이런 식이에요. '외식은 한달에 한번, 옷은 저렴한 것만 입는 우리 딸, 그렇게 아낀 돈을 제 치매 간병비로 쓰고 있습니다.' 이런 상황을 보여주면서 치매 간병보험을 들라고 광고하더라고요. 나이 든 부모가 자식에게 짐이 될까봐 두려워하는 마음과 죄책감을 마케팅에 이용하고 있습니다. 결국 가족 말고는 책임질 사람이 없고, 국가의 지원만으로는 충분하지 않은 상황에서, 어느정도의 존엄성을 확보하면서 노화와 죽음을 맞이하려면 개인의 돈이 꽤 많이 필요하다는 감각들이 있는 듯합니다.

이지은 노인장기요양보험법을 보면 '가족'이라는 말이 꽤 여러번 나와요. 돌봄의 탈가족화나 사회화를 목적으로 하고 있지만, 그만큼 노인돌봄은 '가족'의 책임으로 여겨져왔다는 점, 그리고 국가는 그 '부담을 덜어주'는 역할을 하는 것이라는 점이 은연중에 보이는 것 같아요.

노인장기요양보험•을 신청하면 위원회의 심사를 거쳐 등급을 받게 됩니다. 1~5등급에 따라 서비스 급여한도와 수가가 달라지는데, 1~2등급은 시설등급으로 요양원 등의 시설에 입소 가능하지만, 3등급 이하의 경우 원칙적으로는 재가서비스 대상자예요. 하지만 주거환경이 매우 열악하거나, "주 수발자인 가족 구성원으로부터 수발이 곤란한 경우", 그리고 치매 등 문제행동으로 "가족의 수발부담이 큰 경우" 등에는 시설 입소가 가능합니다. 이런 예외조항들은 결국 가족의 부양이 기본적으로 전제되어 있음을 보여주는 것이 아닐까요. 환자가 시설에 들어간다고 해도 요양시설을 찾고 선택하는 일, 시설 입소 후의 모니터링 등을 하려면 누군가의 지원이 필요하죠. 현재로서는 이러한 지원과 돌봄을 모두 가족이 떠맡고 있습니다. 결국 가족이 없으면 유지되기 힘든 시스템이죠. 무연고자 등 이같은 제도의 공백을 어떻게 할 것인지 고민이 필요합니다. 노인들이 약간의 돌봄이나 보조를 받으며 살 수 있는 주거환경이 더욱 많아져야 해요. 지금

• 건강보험, 국민연금, 고용보험, 산재보험에 이은 제5의 사회보험으로 불리는 사회보장제도. 고령이나 노인성 질병 등의 사유로 일상생활을 혼자서 수행하기 어려운 노인 등에게 신체활동 또는 가사활동 지원 등 장기요양급여를 제공하는 사회보험제도다. 그동안 가족에게만 지워진 노인부양이라는 짐을 사회가 나눠 '품앗이'하겠다는 뜻에서 2008년 7월부터 시행됐다.

은 제도의 공백을 책임질 주체가 가족밖에 없으니 심각한 상황입니다.

시대에 따라 달라져온 치매의 경험

백영경 흔히 젊은 사람들은 암을 더 무서워하고, 나이 드신 분들은 치매를 더 무서워한다고 합니다. 보건복지부 산하 중앙치매센터에 따르면, "과거에는 치매를 망령, 노망이라고 부르면서 노인이면 당연히 겪게 되는 노화현상이라고 생각했으나, 최근의 많은 연구를 통해 분명한 뇌 질환"임이 밝혀졌다고 합니다. "정상적으로 생활해오던 사람에게 후천적으로 다양한 원인으로 인해, 기억력을 비롯한 여러가지 인지기능의 장애가 나타나, 일상생활을 혼자 하기 어려울 정도로 심한 영향을 주는 상태"로서, 치매는 어떤 하나의 질병명이 아니라, 특정한 조건에서 여러 증상들이 함께 나타나는 증상들의 묶음이고, 이러한 치매상태를 유발할 수 있는 질환 중 가장 대표적인 것으로 알츠하이머병과 혈관성 치매가 있다고 하는데요.• 치매에 대한 공포를 살펴보면 짐이 되는 것에 대한 죄책감과 더불어 자기를 잃는 것의 두려움

• 「치매, 어떤 병인가요?」 보건복지부 소속 국립중앙의료원 중앙치매센터 홈페이지(https://www.nid.or.kr/info/diction_list3.aspx?gubun=0301) 참고.

이 크게 자리하는 듯합니다. 내 입에서 무슨 말이 튀어나올지도 모른다는 걱정, 감추고 싶었던 가족의 비밀을 혹시라도 발설하게 될까봐 무서워하시더라고요.

이지은 한동안 서구의 치매 연구에서 주로 거론되던 것들이 자아상실, 기억과 자아의 관계 등이었습니다. 자신의 내러티브가 사라지면서 정체성도 함께 사라지는 문제죠. 그와 더불어 관계 속에서 내가 어떤 인간이 되는가에 대한 걱정과 불안이 중요하게 작동하는 것 같아요. 내가 짐스러운 존재가 되는데 나는 그 사실조차 모르는 상황, 가족이 나를 계속 돌봐줘야 한다는 부담, 가족이든 돈이든 관계 안에서 발생하는 부담인데 자아가 없어지는 상황으로만 이해해서는 파악하기 힘든 부분이 있습니다.

백영경 젊은 사람들은 가족의 치매에 대해서 어떻게 생각할까요? 본인이 실제로 경험하지 않더라도 조부모 등 치매환자를 가까이에서 경험하는 젊은 사람들도 꽤 있을 텐데요.

이지은 같은 가족이라도 치매환자와의 거리에 따라 다르게 보일 것 같습니다. 치매환자를 일차적으로 돌보는 사람, 그보다 접촉의 빈도가 적거나 책임을 덜 지는 사람의 경우 차이가 있고 거리에 따라 관점도 달라집니다. 예를 들어 할머니가 치매환자인데 본인이 주 돌봄자가 아닐 경우에는 할머니가 조금씩 사라져가는

것에 대한 애틋함을 느끼고, 할머니와 어떤 추억을 더 나눌 수 있을까 하는 고민을 하기도 합니다. 주 보호자일 경우에는 하루 종일 할머니의 여러 부분들을 감당하면서 더 현실적인 갈등과 문제에 맞닥뜨리게 되죠. 두 입장 사이를 왔다 갔다 하면서 괴로워하기도 합니다. 오랫동안 봐온 사람이 치매로 인해 예전 같지 않을 때, 조금 거리를 두고 생각하면 일종의 사전적 애도를 경험할 수 있지만 다른 한편으로는 그 달라짐이 굉장히 폭력적으로 작용하면서 관계가 힘들어지기도 합니다.

백영경 사실 국내 노령인구에 비하면 치매를 전문으로 하는 의료진이 생각보다 많지 않더라고요. 그래서 치매와 관련해 신경과 예약하기가 힘들다고 합니다. 국가나 치매 전문 의료진들은 치매를 어떤 방식으로 다루고 있을까요?

이지은 예방과 조기진단이 국가치매관리 사업에서는 가장 기본적인 틀이었던 것 같습니다. 약물치료와 인지적 중재 등을 통해 진행을 늦추는 것 역시 '관리'의 한 부분이고요. 예방, 검진, 관리로 이어지는 의료적 관점이 한국의 치매관리사업에서 중요한 축을 차지해왔습니다. 치매의 진행을 약물 및 인지중재치료 등을 통해 최대한 늦춤으로써, 치매가 있어도 어느정도 삶의 질을 유지하며 지역사회에서 살아가는 기간을 연장하는 것이 중요하게 강조되고 있습니다.

병원 예약이 힘든 문제와 관련해서는, 노인인구 증가뿐 아니라 노인장기요양보험의 치매인지지원등급 신설 등 정책적 변화로 인해 치매환자의 숫자나 검진수요가 증가한 데도 중요한 원인이 있을 것 같습니다. 한편, 진단을 받은 이후 진료 과정에서 환자와 가족들이 충분한 시간을 가지고 상담을 받을 수 있는지에 대한 문제제기도 현장에서 지속적으로 이루어져왔습니다. 치매의 경우 환자뿐 아니라, 환자를 관찰하고 돌보는 데 핵심적인 역할을 하는 가족들에 대한 상담도 매우 중요한데, 기존의 진료체계 안에서는 이러한 부분들이 다루어지기 어렵다는 이야기도 있었습니다.●

백영경 백재중 선생님과의 대담에서도 나온 이야기입니다만, 대형병원마다 암센터를 개원하는 이유는 암이 단기간 내에 가장 많은 돈이 소요되는 질병이기 때문이죠. 신약 실험, 고가의 의료 장비, 단기간에 집중적으로 투여되는 치료제 등 여러모로 많은 이윤을 남길 수 있는 분야이기 때문에 대형병원마다 암센터가 생긴다고 합니다. 이런 관점에서 보면 치매는 사실상 노화의 일부이기 때문에 완치에 가깝게, 눈에 띄게 치료되기 어렵다는 점에서 수익성이 높은 분야라 하기 힘들죠.

이지은 말씀하신 대로 치매는 완치가 어려운 여러 만성질환 중 하나이고, 뇌신경의 퇴행이 지속적으로 진행되기 때문에 지금의 상태를 그대로 유지시키는 것도 쉽지만은 않다고 합니다. 게다가 알츠하이머성 치매 치료를 위해 개발된 신약 임상시험이 여러 차례 실패한 것을 고려하면, 암 치료에서와 같은 '영웅적인 의료' 서사는 당분간 찾아보기 힘들 것 같습니다. 현재로서는 치매 증세를 완화시키기 위해서 인지기능개선제 같은 약제를 반복해 처방하는 것, 그리고 인지기능 문제와 관련해 발생하는 여러 정신적 문제들이나 행동 문제에 대한 약을 처방하는 것 외에 의

• 이 대담이 진행된 이후 2020년 9월 발표된 '제4차 치매관리종합계획'에 치매환자 가족상담수가 도입이 포함되었는데, 이러한 현장의 목소리가 반영된 것으로 보인다.

료적으로 할 수 있는 일은 많지 않습니다.

그럼에도 불구하고 치매를 '질병'으로 보고 적절한 돌봄과 관리를 통해 치매환자와 가족의 삶의 질을 개선할 수 있다고 믿는 의료인들이 있었고, 이분들의 활동이 지금 한국에서 치매가 관리되는 방식에 중요한 영향을 미쳤다고 생각합니다. 1990년대 초반까지만 해도 치매라는 말은 대중적으로 거의 사용되지 않았잖아요. 과거의 기사들을 검색해 보면 '치매'라는 말은 90년대 이전에는 거의 등장하지 않습니다. '노망'난 노파가 실종되었다는 식의 기사들만이 간혹 사회면에 실렸을 뿐이에요. 의료인들 입장에서도 치매 진단을 한다고 해서 환자들을 위해 할 수 있는 일이나 줄 수 있는 도움도 매우 제한적이었던 시기였고요.

그런데 1993년 미국에서 타크린(Tacrine)이라는 인지기능개선제가 FDA(Food and Drug Administration, 미국 식품의약국) 승인을 받았어요. 인지적인 문제를 약간이나마 완화할 수 있는 가능성이 생긴 것이죠. 이러한 가능성이 치매에 대한 의료적 담론을 만들어내는 데 중요한 역할을 했습니다. 한국치매협회가 1994년 창립되었고 여기서 주도적으로 활동하던 선생님들이 관악구 보건소 치매상담센터를 1999년부터 운영했는데, 이러한 사업 경험은 2006년 설립된 서울시광역치매센터의 기반이 되기도 했습니다. 그리고 이 서울시광역치매센터의 활동은 2017년 '치매국가책임제' 이후 전국에 설립된 치매안심센터의 모델이 되기도 했습니다.

백영경 치매에 대한 많은 것들이 밝혀지고 의료화가 진행되었는데 오히려 예전보다 요즘 치매에 대한 공포가 훨씬 더 큰 것 같습니다. 왜 그럴까요?

이지은 많은 것들이 밝혀지긴 했지만 아직 치료제는 없는 상황이고, '치매'라는 질병에 대한 직간접적 경험은 더 많아졌기 때문이 아닐까요? 일단은 수명이 늘어났고 '치매'라는 상태를 겪는 사람들도 늘어났을 테니까요. 조금 '이상한' 행동으로 여겨졌을 만한 것들도 '치매'라는 진단명을 통해 질병으로 여겨지게 되고, 지속적인 뇌신경의 퇴행이라는 의료화된 선형적 서사를 통해 설명되고 경험되는 부분 역시 있지 않을까 합니다. 1996년 박완서 선생님의 칼럼•을 보면 치매를 '최신의 병'이라고 부르고 있어요. 과거 자신의 시어머니의 증세들이 "요새 밝혀진 노인성 치매라는 것과 똑같은 것"이었는데, "늙으면 애 된다더라, 라는 말만 믿고 편안하게 견디었"던 과거에 만약 그 말이 있었다면 더 큰 불행감에 사로잡혔을 것이라고요. 그것이 자기에게 닥칠지도 모르는 미래의 문제라고 생각하면 더 심각한 공포심이 생기기에 중년들 또한 치매 예방에 관심을 가지거나 사소한 건망증에도 전전긍긍하게 된 것 같다고 박완서 선생님은 말하고 있어요.

• 박완서 「치매 그 최신의 병」, 『한국일보』 1996년 5월 14일.

여기에 더해 평균 기대수명이 늘어나면서 치매가 자신의 미래에 얼마든지 닥칠 수 있는 현실적인 문제로 여겨지는 듯합니다.

백영경 사람들의 생활방식과도 연관되어 있는 것 같습니다. 치매 초기의 노인들이 고립된 생활을 하면 증세가 갑자기 심해지는 경우가 많은데, 사회적 관계나 상호작용이 충분하지 못하면 병이 악화될 가능성이 높습니다. 아파트나 다세대주택에서 독거 생활을 하시는 노인들이 많은데, 이러한 도시의 주거환경도 영향을 미치는 것 같습니다. 코로나19 사태 이후로 노인정에 모일 수 없고, 함께 식사하기도 힘들어지면서 우울증 등 기저질환이 악화되는 경우가 많다고 합니다.

이지은 도시의 주거환경이 가중하는 위험성이 분명 있습니다. 치매에 걸리면 길도 잘 잃어버리는데, 건물은 모두 똑같이 생겼고 거리에 아는 사람들은 거의 없고, 서울 같은 대도시에서 길을 잃는다는 것은 너무 쉽고 한편으로 정말 무서운 일이죠. 예전의 마을 공동체를 낭만화하려는 것은 아니지만, 오래된 주택가나 동네에서는 이웃들이 서로를 잘 알고, 누가 어디 갔는지 자연스럽게 알아차릴 수 있었습니다. 동네 가운데 자리한 느티나무나 정자에 앉아 사회적 교류를 나누는 것도 정기적인 일과 중 하나였고요. 반면 도시는 이웃사람들을 알기 어렵고 거리나 건물 등 주변환경이 빠르게 변하기 때문에 익숙해지기 힘든 공간일 수밖에 없습니다.

또 치매 초기의 노인들은 본인의 상태에 대한 불안이 더해져 주변 사람들과 불화를 겪는 경우도 자주 생깁니다. 실제 설문을 해보면 타인에 대한 신뢰도가 낮을수록 노화에 대한 불안과 공포가 커지는 경향이 있습니다. 살아오면서 사기를 당했다든지 타인을 비롯한 사회적 관계를 신뢰할 수 없는 경험이 축적되면 노화라는 취약 상태가 더욱 불안정하게 다가올 수밖에 없죠.

치매의 경험을 말하는 사람들

백영경 치매 이야기를 하다보니 결국 한국사회의 구조적인 문제, 가족과 돌봄의 문제, 의료계의 상업성 문제 등이 지적되었는데요. 사실 이렇게 문제를 지적하는 것은 오히려 쉬운 문제라는 생각이 듭니다. 다르게 볼 만한 여지가 있는 부분, 자신의 자리에서 새로운 길을 찾아나선 주체들의 경험이나 사례도 소개해주실 수 있을까요?

이지은 치매국가책임제 이후로 전국 252개의 지자체에 치매안심센터가 설치되었습니다. 사실 2007년부터 서울에는 구마다 치매지원센터라는 이름으로 비슷한 기관이 존재해왔는데, 이 센터는 굉장히 의료적인 관점에서 만들어진 기관입니다. 지역사회에 있는 치매환자 혹은 고위험군 환자를 찾아 진단과 검진을 합니다. 사실 의료계 내부에서도, 특히 치매관리사업에 실제로 참여하는 의료인들 사이에서 이미 비판적인 목소리가 있었어요. 양적으로 검진을 많이 하는 것은 비용 대비 효과가 떨어진다는 것이었죠. 진단은 정말 필요한 사람을 대상으로 하고, 예방 중심으로 가는 것이 옳다는 의견이었습니다. 이러한 비판은 별로 받아들여지지 않았고, 치매국가책임제 이후에도 이런 문제들이 여전히 제기되고 있습니다. 2019년 입법조사처에 따르면 치매국가책임제 이후 2년간 선별검사만 305만건이나 진행되었는데, 이는 치매안심센터 성과평가 기준과 실적 압박의 문제와 관련된 것이기도 하거든요. 숫자로 나타나는 선별검사 건수는 관료제 시스템 안에서 명확하게 보여줄 수 있는 실적이 되니까요.

하지만 치매안심센터가 수행하고 있는 중요한 기능들이 분명히 있습니다. 제가 2017년 현장연구를 했던 서울 지자체 치매안심센터들에서는 경증치매와 경도인지장애 노인들을 대상으로 하는 인지훈련 프로그램과 가족교육 프로그램을 함께 제공하고 있었어요. 사실 치매 초기이면서 지역사회에 거주하시는 분들이 갈 데가 그리 마땅치가 않거든요. 주간보호센터 같은 곳은 치매 초기의 환자들이 들어가기는 어렵죠. 가족들도 돌봄에 대해 다른 사람들과 이야기 나눌 기회가 많지 않고요. 이들이 치매안심센터에 일주일에 두세번 방문해서 일정한 프로그램을 받는 것이 어찌 보면 사소해 보일 수 있지만 공적인 공간에 참여할 수 있는 중요한 기회로 작용합니다. 단순히 그들에게 '돌봄'을 제공하는 기관이라기보다는 지역사회의 성원으로, 주민이자 시민으로 서로를 만나는 장소로 기능할 수 있는 가능성들이 분명히 있다고 생각해요.

백영경 국가에서 치매 문제를 중요한 사안으로 인식하고 있다는 메시지를 주는 것은 좋은 것 같습니다. 관련 지침이나 국가의 서비스를 안내하는 승합차들이 거리를 오가는 것을 보다보면 치매 문제가 개인이나 가족의 문제가 아니라 공적인 문제라는 것이 각인되는 효과가 확실히 있어요.

이지은 한편으로 치매를 통과해나가는 개인들의 삶에 대해서도 관심을 기울이고 있습니다. 주로 간병하는 가족이 쓴 수기집을 통해 그 삶들을 접해요. 참혹할 정도로 안타까운 이야기도 있고, 재미있는 이야기들도 있습니다. 특히 치매환자들을 돌보면서 습득한 작은 팁들을 읽는 걸 좋아해요. 밥에 뭐뭐를 갈아서 넣었다 하는 이야기들요.(웃음)

『나는 매일 엄마와 밥을 먹는다』(헤이북스 2016)라는 책이 있어요. 스머프할배라는 필명으로 블로그를 하시던 정성기 작가님이 낸 책인데, 60대 남성이 치매 중기의 노모를 7년 동안 모시면서 직접 밥상을 차린 이야기들이 담겨 있죠. 원래 밥도 못하던 분이었는데 온갖 정보들을 찾아가며 발전시킨 자신만의 레시피도 수록되어 있고요. 그러면 비슷한 경험이나 고민을 가지신 분들이 스머프할배의 책이나 블로그를 보면서 자신의 상황에 맞는 정보들을 찾아가요. 또 인터뷰를 하다보면 샤워하기 싫어하는 환자를 샤워하게 만드는 자신만의 요령 같은 이야기들을 듣게 돼요. 이런 이야기들은 사소해 보이지만 과거와는 달라진 사람, 예전과 같은 방식으로 소통하기 어려운 사람들과 새로운 일상을 만들고 소통하기 위한, 함께 살아가기 위한 나름의 방식들을 보여준다는 점에서 흥미롭습니다. 각자가 만들어낸 일종의 일상적 예술이라고도 생각해요. 어떤 몸짓과 표정으로, 어떤 말과 행동으로, 어떤 음식과 냄새로 다른 사람이 감응할 수 있게 만드는가에 관한 이야기들이거든요. 동시에 돌보는 사람 역시 그런 실행들을 통해 스스로가 환자와 감응할 수 있는 조건을 만드는 것이기도 하고요. 환자 가족을 비롯해 돌보는 사람들이 모두 자신만의 채널을 가지고 있거나 체계적인 지식을 전할 수 있는 여유를 가지고 있지는 못하죠. 하지만 그렇게 하고자 하는 사람들이 늘어나고 있고, 또 기회가 생기면 나누어줄 이야기들을 가진 사람들은 정말 많은 것 같습니다. 남들이 보기에는 별 것 아닌 것 같아도 비슷한 처지에 놓인 사람에게는 굉장히 유용할 수 있는 이러한 정보들이 흩어지지 않고 일종의 솔루션은행처럼 모였으면 하는 바람이 있습니다.

백영경 특히 주간보호센터 같은 곳에 가기 싫어하는 분들께 유용할 것 같습니다. 치매는 특히 환자 본인이 받아들이기 어려워하는 질병인 것 같아요. 증상이 있는데도 검진받는 것을 거부하시는 분도 많죠.

이지은 치매 진단을 받았는데도 가족들이 환자에게 차마 말하지 못하고 숨기는 경우도 있습니다. 자존심이 강한 분일수록 자신이 치매라는 것을 받아들이지 못해요. 치매라고 밝히지 못했으니 주간보호센터에 가시라는 이야기도 못 꺼내죠. 주간보호센터를 둘러싼 가족들의 실랑이도 자주 벌어지는데, 어떻게 센터에 가도록 설득하는가에 대한 이야기를 환자 가족들끼리 많이 나눈다고 합니다.

사소해 보일 수 있지만 사실은 중요한 이러한 내용들을 사람들이 말할 수 있고 공유할 수 있는 장들이 많이 생겨야 해요. 연구를 하다가 알게 된 분 중 홍명신 선생님이라는 분이 계세요. 커뮤니케이션으로 박사학위를 받은 분인데, 아버지께서 치매를 앓게 되면서 환자와의 커뮤니케이션 문제에 관심을 가지게 되고 돌보는 과정에서 본인이 얻은 통찰을 여러 채널을 통해 다른 치매환자 가족들과 나누고 있어요. 예전에는 자신이 사는 동네에서 치매가족 멘토링모임을 하시다가 마을미디어사업으로 지원을 받아 올해 '아같사TV'라는 유튜브채널을 만들었습니다. '아이 같은 사람들과 같이 사는 사람들' 혹은 '아픈 사람들과 같이 사는 사람들'이라는 뜻을 담고 있죠. 치매환자들은 주변에 대한 의존도가 높아질 수밖에 없고, 아이를 유치원에 보내는 것처럼 주변에서 결정해줘야 할 사항들이 많습니다. 홍명신 선생님은 치매인 아버지를 오랫동안 돌보다가 각자의 이런 경험들이 더 많이 공유되어야겠다는 문제의식을 가지게 되었다고 합니다. 환자 가족들은 사실 서로가 선배고 후배라는 것, 함께 돌볼 수 있는 문화가 필요하다는 것. 치매환자와 같이 사는 건 모두가 처음일 수밖에 없어요. 그럴 때 먼저 경험한 선배들의 정보가 정말 필요해요. 의료적 관점에서 일방적으로 전달되는 지식이 아니라 먼저 경험한 이들의 깨우침, 상황의 복잡성에 대한 이해와 공감 등을 공유하고자 하는 움직임들이 조금씩 보이고 있는데, 그것이 한국사회에서 치매와 같이 사는 방식을 새롭게 만들어내고 있다고 생각합니다.

백영경 치매를 경험하고 고민하는 사람들이 많은 것에 비해 관련된 콘텐츠는 너무 없는 것 같아요. 다이어트 영상은 정말 많잖아요.(웃음)

이지은 있다 하더라도 매스미디어에서 만드는 콘텐츠들은 종종 전형적인 이미지들을 보여줍니다. 책이나 영상 속에서 재현되는 치매의 방식은 두 종류밖에 없는 것 같아요. 간병살인, 간병자살, 참혹한 요양원 등 치매가 관계나 삶을 얼마나 파국으로 치닫게 하는가를 보여주는 서사들이 있고요. 또다른 하나는 인식 개선 차원에서 만든 것으로 치매가 그리 무서운 질병이 아님을 강조하는 이미지들입니다. 얼마 전 KBS에서 「주문을 잊은 음식점」(2018)이라는 프로그램을 방영했습니다. 초기 치매인 어르신들이 음식점에서 요리를 준비하고 서빙하는 과정을 2회차에 걸쳐 내보냈어요. 이분들이 지역사회에서 사회적 몫을 다할 수 있다는 메시지를 전달하고, 치매환자를 가시화하려는 움직임이죠. 무척 좋은 시도인 것 같습니다만, 경증치매를 중심에 두는 것이 그 이후의 삶이 어떤 것이 되어야 할지, 치매가 더 진행된 후의 삶 역시 살아볼 만한 것이 되기 위해 무엇이 필요한지에 대한 이야기와 완전히 구별되어서는 안 될 것 같다는 생각도 듭니다.

백영경 비가시화되어 있기 때문에 치매에 대한 무서운 소문이 돌고 사람들의 공포가 강화되는 측면이 있습니다. 사실 치매는 그 스펙트럼이 무척 다양하죠. 어느날 갑자기 찾아오는 것도 아닙니다. 환자가 치매라는 진단을 받기 전에는 그저 성격이 이상해졌다거나 말이 안 통한다는 식으로 주변 사람들은 느끼게 되거든요. 그렇게 꽤 오랜 시간 동안 가족과 불화를 겪다가 결국 치매임을 알게 되는 과정의 스펙트럼이 존재합니다. 한편 치매환자들도 지역사회의 주민으로서 얼마든지 함께 살아갈 수 있지만 그렇다고 '착한 치매'만 강조하는 것도 곤란한 것 같습니다. 치매에는 감당하기 어려운 부분, 당혹스러운 부분도 존재한다는 것을 받아들여야겠죠.

이지은 치매에는 흉하고 당혹스러운 측면이 있지만 그럼에도 불구하고 더 좋은 삶을 만들기 위해 무엇이 필요한가에 대한 사회적 논의가 더 많이 이뤄져야 할 것 같습니다. 미디어에서 접하는 치매는 감동적인 '인간극장'류의 서사 혹은 간병살인 같은 극단적인 사례인데요. 그 사이에서 정말 많은 사람들이 열심히 살아내고 있지만 그 부분은 많이 알려지지 않았다고 생각해요. 그래서 가족 중에 치매환자가 생기면 모든 가족 구성원이 그 상황에 갑자기 툭 내던져지고, 그때부터 생기는 온갖 문제들을 오롯이 감당하면서 소진됩니다. 치매를 가지고 사는 분들, 그 가족들, 주변의 친구들 등 치매 가까이 있는 사람들이 더 많이 가시화되어야 어떤 제도, 기술, 환경이 필요한지 논의가 시작될 수 있을 것 같습니다.

질병이라는 우리 안의 낙인

백영경 주로 치매 이야기를 했지만 나이와 상관없이 다양한 이유로 아플 수 있죠. 일상과 질병은 그리 멀리 있지 않습니다. 우리 사회는 아프면 아픈 대로 살아갈 권리, 아픔을 드러낼 수 있는 권리나 가능성이 막혀 있는 편인 것 같습니다.

이지은 질병에 대한 사회적 낙인이 있고, 스스로도 그러한 낙인을 내면화하기 때문에 많은 분들이 아픔을 숨기고 살아갑니다. 타인에게 자신의 질병을 털어놨을 때 동정하거나 걱정하는 말들에 상처를 많이 받는다고 해요. 공감보다는 동정을 받는다는 감각, 남들이 자신을 불행하게 본다는 것이 싫죠. 계층이나 상황에 따라 다르겠지만 자신의 질병을 드러내는 것이 자기한테 흠이 될 수도 있다는 우려, 혹은 상대가 자신을 대하는 방식이 변할 것에 대한 두려움 같은 것이 흔히 있는 것 같습니다.

백영경 각자가 생각하는 '정상적'인 사회생활에 본인이 완전히 참여할 수 없고, 뒤처지는 것 같고, 충분한 삶을 살지 못하고 있다는 감각이겠죠. 숨길 수 있는 한 어떻게든 숨기고 싶어하다보니까 질병으로 인한 직접적인 고통 이상의 고통을 받게 되는 것 같습니다. 어느 연령대, 어떤 질병이든 공통적으로 일어나는 일인 것 같아요.

이런 문제를 생각하다보면 한국사회의 고질적인 모순 때문이라는 식으로 손쉬운 해답을 내릴 때가 많죠. 흔히 신자유주의 때문이다, 정상성 개념 때문이다라는 식으로 설명을 하는데요. 이렇게 쉽게 정답을 찾을 수 있는 문제는 아닌 것 같습니다.

이지은 '정상성'에 대해서 어떻게 생각할지가 중요한 문제가 아닐까 생각해요. 정상성에 대한 외부적인 규범 때문이라기보다

정상적이지 않은 것에 대한 본인의 감정이 있잖아요. 내가 남을 보는 방식대로 나를 보게 되니까요. 내가 어떤 상황에 대해 가지는 공포는 내가 남을 바라보는 방식을 반영할 수밖에 없죠. 제가 속해 있는 연구소 옥희살롱의 구성원들이 함께 『새벽 세시의 몸들에게』(봄날의책 2020)를 냈어요. 나이 듦, 질병, 돌봄 등을 페미니즘적 관점에서 함께 사유하고 문제화하는 작업이었는데요. 이 책의 제목을 정할 때 논의되었던 후보 중 하나가 '두려움 앞에 서다'였어요. 노화나 질병을 말할 때 항상 두려움이 가장 중요한 키워드로 꼽히죠. 이 두려움의 정체가 뭘까요? 굳이 말로 설명하지 않아도 될 만큼, 굳이 물어보지 않아도 될 만큼 노화와 질병에 대한 두려움의 실체가 우리 모두 안에 명확히 자리하고 있는 것 같아요.

사실 사람들이 지금 지니고 있는 그 두려움이 결국 본인이 마주하게 될 고통으로 연결됩니다. 정상적이지 못한 삶에 대한 여러 감각들이 있죠. 충분히 생산적이지 않다, 규범적으로 살고 있지 않다는 감각을 넘어 어떻게 저렇게 살지 하는 감각, 상대를 타자화해버리는 감각들이 자신 안에 있기 때문에 사람들이 이렇게까지 숨기면서 살아간다고 느껴집니다. 그래서 우리 사회의 정상성 규범에 대한 논의만큼이나 내가 원하는, 그리고 원치 않는 삶을 직시하는 것 역시 중요하다고 생각해요. 물론 구체적인 고통들과 삶의 어려움이 있겠지만, 이를 증폭시키는 것은 그 두려움인 것 같거든요.

물론 사회가 다른 삶의 형태와 가능성들에 좀더 열려 있는 것도 중요하겠죠. 그리고 이 부분에 대해 우리 사회는 융통성이 무척 없습니다. 나의 질병뿐만 아니라 내 주변 사람이 아픈 것에 대해서도 융통성이 없는 편이에요. 간병휴가를 쓰기가 어려운 것도 이런 맥락에서 이해할 수 있어요. 육아휴직이나 출산휴가는 규범적인 삶의 주기 내에서 발생하는 일이기 때문에 회사나 사회도 그것을 허용합니다. 그런데 간병휴가를 쓰려고 하면 회사에서 좀처럼 허락하지 않는다고 해요.

백영경 실제 간병휴가가 사용되는 실례를 살펴보면 상황이 꽤 복잡하더라고요. 일단 실제 간병하는 사람과 간병휴가를 받을 수 있는 사람 사이에 괴리가 있어요. 이를테면 간병은 며느리가 하는데 간병휴가는 아들이 신청하는 식이죠. 간병휴가를 받는다는 것은 직업이 있다는 것인데, 직장을 다니는 사람은 간병휴가를 받는다고 해도 직접 간병을 하는 경우가 많지 않아요. 몇달 간병휴가 받는다고 해서 원래 간병하지 않던 사람이 갑자기 주 돌봄자가 될 수는 없죠. 직장 내 간병휴가 제도는 실제로 가족 내에서 수행되는 간병과는 맞지 않는다는 느낌을 받았어요.

가정에서 돌볼 경우 누가 주 간병자가 될 것인지를 두고 복잡한 갈등이 일어나죠. 여러 복잡한 이해관계가 충돌하는데 결국 가장 마음 약한 사람이 하게 되더라고요. 또 간병휴가는 기간이 정해져 있는데 노인 간병은 언제 끝날지 알 수 없는 일이거든요.

그러니 간병휴가를 실질적으로 쓸 수 있는 경우는 그리 많지 않은 것 같습니다.

이지은 그렇죠. 주변을 살펴보면 부모님께서 갑자기 아프시게 되면 비혼 여성인 딸이 가장 먼저 간병에 동원됩니다. 한국만 그런 것도 아니고 미국 등 해외도 마찬가지더라고요. 며느리에게 요구하던 것들을 사회 분위기의 변화로 이제는 요구할 수 없게 되니까 그런 역할이 딸에게로 넘어오는 것도 있고요.

사회 전반적으로 여유가 부족하고 모든 게 꽉 맞게 짜여 있잖아요. 나사 하나가 빠지면 큰일나는 것처럼, 누가 휴직을 내겠다고 하면 대체인력이 없으니 어쩔 수 없다, 너만 부모 있냐, 너희 부모만 나이 들었냐 하는 답을 듣기 십상이죠.

백영경 한국에는 요양시설, 간병시설이 많다보니 왜 시설에 보내지 않고 휴가를 받느냐는 이야기도 듣죠. 시설이라는 게 그렇게 쉬운 선택지는 아닌데 말입니다.

누군가를 돌아보는 마음, 돌봄

백영경 저는 대학원에서 학생들과 『새벽 세시의 몸들에게』를 읽고 자기 경험을 이야기하는 시간을 가졌는데요. 이 책에서 '서로 돌봄' '시민적 돌봄' 등이 문제를 해결할 대안적 상상이나 모델로 제시되잖아요? 그런데 이 시민적 돌봄이 여전히 공허하게 느껴지고 와닿지 않는다, 정말 가능한지 궁금하다는 질문들이 있었어요. 저는 이러한 논의가 와닿지 않는 사회적 현실, 그 자세한 상황을 직시해야 한다, '시민'에 대한 이해방식이 새롭게 바뀌어야 하고, 돌봄은 모든 시민의 의무로 받아들여져야 한다고 원론적인 차원에서 대답했습니다. 선생님께서 저자로서 답변해주실 수 있을까요?

이지은 네, 무척 원론적인 이야기죠. 돌봄과 의존을 중심으로 시민성을 생각한다는 것, 원론적이지만 이 방향으로 우리 사회가 더 깊이 고민해야 한다고 생각해요. 화두처럼 가지고 가야 할 문제죠. 돌봄이라는 말을 잘게 잘라서 생각할 필요성도 있고요. 누군가가 시민적인 돌봄이 가능하지 않아 보인다고 말할 때, 그가 가지고 있는 돌봄의 이미지가 분명히 있겠죠. 아마 대부분의 사람들은 아주 가까운 거리에서 누군가를 돌보는, 친밀하고 밀접한 상황을 떠올릴 것 같아요. 돌봄이 이렇게 친밀하고 밀접한 노동으로 상상될 수밖에 없는 부분들이 분명 존재합니다. 요양보호사나 엄마 같은 존재로 대변되는, 모든 요구를 가까운 곳에서 해결해주는 어떤 사람. 그래서 돌봄의 사회화가 논의될 때도 원래 가족이 하던 돌봄노동이 요양보호사에게 옮겨가는 수준으로 진행되었죠. 돌봄을 서비스로 보고 그 서비스를 제공받을 권리는 시장을 매개로 보장하고 있지만, 돌볼 권리와 의무에 대한 이야기들은 부족하지 않나 생각해요. 돌볼 권리와 의무라는 이야기 자체가 돌봄을 가족, 그중에서도 특히 여성의 책임으로 만들어온 그간의 문제를 다시 상기시키기 때문에 조심스럽지만, 그렇기 때문에 더더욱 그것을 '시민'의 권리이자 의무로 새롭게 사유할 필요가 있겠지요.

저는 가까운 곳에서 요구에 직접 응답해주는 돌봄 외에, 시민사회라는 공적 공간에서의 돌봄에 대해서도 생각해보고 싶습니다. 일대일 사이의 돌봄이 아니라 같은 사회 구성원으로서 서로가 서로에게 맺는 돌봄의 관계에 관한 것요. 돌봄은 사람들이 타인에게 보내는 관심이나 서로에게 응답하는 방식, 그 응답을 이끌어내는 방식, 순간순간의 마주침 안에 있는 무엇이 되어야 한다고 생각해요. 사실 거창한 이야기는 아니에요. 오히려 다소 상투적인 것 같은, 조금의 친절함, 타인에 대한 호기심 같은 것, 굳이 '돌봄'이라고 이름 붙이지 않더라도 서로의 삶을 조금 더 살 만한 것으로 만들어주는 작은 제스처들 말입니다. 굳이 돌보지 않더라도 누군가를 돌아보는 것. 예전에 치매인 남편과 함께 사는 노년의 한 여자분께 이런 이야기를 들은 적이 있어요. 남편이 종종 말이나 행동을 제어하지 못할 때가 있는데, 젊은 사람들과 시비가 붙을까봐 외출을 하면 늘 신경이 곤두서고 조마조마하다고요. 인류학자 아서 클라인먼(Arthur Kleinman)의 『케어』(시공사 2020)에도 치매를 앓고 있던 아내와 오페라하우스에 갔다가 아내가 내는 소리에 대한 주위 사람들의 반응에 안절부절못했던 일화가 나오죠. 그런 장면들에서 '시민'으로서 보여줄 수 있는 연대란 게 그렇게 거창한 것은 아닐 거라고 생각해요. 옆을 돌아보면 그 안절부절못하는 배우자들이 보이는데요. 조금 심상하게 봐주는 것, 아무렇지 않게 지나쳐주는 것 역시 돌봄 아닐까 해요.

돌봄을 둘러싼 기술의 가능성

백영경 돌봄이라고 하면 사람과 사람 사이의 관계를 먼저 생각하지만, 돌봄을 구성하는 요소로서 주거환경처럼 여러 물리적·물질적 조건도 고려해야 할 것 같습니다. 이러한 요소에 인간이 개입해 변화시키는 것도 중요하겠죠. 요즘 AI를 활용한 치매돌봄 기술도 굉장히 활발히 개발되고 있는데 어떻게 생각하시는지요?

이지은 이게 사실 자원배분의 문제잖아요. 안전경보시스템 하나 설치해놓고 노약자들의 안전과 안녕을 보장한다고 생각한다면 큰 문제겠죠. 하지만 이러한 기술은 그것을 매개로 안부를 확인할 수 있는 효율적인 방식을 찾아본다거나, 이제까지와는 다른 방식의 돌봄을 고민하면서 공공이 개입해나가는 계기로 작동할 수도 있습니다.

기술 자체가 문제라기보다 이 기술을 매개로 무엇이 열리는지가 좀더 중요하다는 거죠. 가능성을 열어놓고 다양한 기술을 실험해보는 게 필요합니다. 돌봄정책은 여전히 가족중심적이지만 기술은 동거인이 없는 사람들을 염두에 두고 개발되고 있습니다. 그렇게 시도하다보면 새롭게 나타날 수 있는 것이 있지 않을까 기대를 해요. 말벗이 되어주는 AI인형들도 흥미롭더라고요. 감정적으로 에너지가 별로 없고 지쳐 있는 인간보다 AI가 더 낫기도 해요. 치매환자는 같은 말을 반복하거나 의미 없는 말들을 하게 되는데, 인간은 이런 상황에서 계속해서 여유를 갖고 대하기가 어렵지만 기계는 그렇지 않죠.

백영경 고맙다 그러면 '아니에요, 제가 더 고마워요' 이러잖아요. 인간한테는 그렇게 예의바른 말을 들어본 적이 없어요.(웃음)

이지은 이런 현상을 비판적으로 보는 시각도 분명 있습니다. 인간과 인간의 관계에서 생길 수 있는 여러 역동성 대신에 가상적이고 인위적인 관계에 몰입하는 현상을 문제라고 생각할 수도 있죠. 하지만 역으로는 그렇게 단순한 반응조차 인간에게 기대할 수 없다는 것이기도 해요. 『외로워지는 사람들』(청림출판 2012)에서 셰리 터클(Sherry Turkle)은 테크놀로지를 이용해 상처받지 않고, 거절당하지 않고 자기의 이야기를 털어놓는 것에 몰입하는 사람들의 모습에 대해 우려를 표했지만, 적어도 노인의 경우에 그런 몰입을 만들어내는 것은 자신의 소소한 이야기들을 남에게 털어놓을 때 어떤 반응이 돌아올지에 대한 우려, 그리고 이와 대조적인 로봇의 반응이 주는 즐거움이 아닐까 싶습니다.

백영경 기술 자체로 문제가 해결되는 건 아니지만 지금처럼 사람들 사이의 상호교류가 부족한 상황에서는 스마트기술이 어느 정도 역할을 해줄 수 있을 것 같습니다. 그렇지만 인간들 사이의 실제적인 돌봄, 대면 돌봄의 필요성은 결국 여전히 남는 것 아닐까요?

이지은 기술이 일상 속으로 들어가는 과정을 사람들이 매개하고 그 과정에서도 일종의 돌봄이 이루어진다고 생각합니다. 2019년 서울 성북구에서는 청년 일자리 사업의 일환으로 건축 전공 대학생들이 노인 주거환경 개선사업을 진행하는 프로젝트를 추진했던 사례가 있어요. 건축 전공 학생들에게 생활임금을 주고, 이 학생들이 성북구의 노후한 주택을 찾아가 적은 예산으로 주거환경을 개선할 아이디어를 개발하는 사업이었는데 무척 재미있더라고요. 결국 기술과 그 기술이 적용될 대상 사이에는 누군가의 매개가 필요하잖아요. 학생들이 주거환경 개선 아이디어를 내려면 어르신들이 사는 집을 찾아가 인터뷰를 해야 해요. 현장을 조사하는 과정뿐만 아니라 아이디어를 적용하는 과정에서 기계를 설치하고 모니터를 하는 등 접촉면들이 생겨날 수밖에 없어요. 매일 만나서 어르신들을 돌보는 게 아니더라도 어르신들이 어떻게 살고 있는지, 즉 그 일상생활에 대해서 알게 되는 과정들이 있고, 그 과정을 통해 다른 세대의 사람들이 노인의 삶이 어떻게 바뀌어야 할지에 대해 고민할 계기를 마련해준다는 게 중요해 보였습니다.

백영경 거꾸로 생각하면 그런 매개 없이는 그 기술들이 작동할 수 없다는 뜻이기도 합니다.

이지은 어떤 기술이 도입되면 그것을 매개하는 사람들이 들어가고 배움의 과정이 시작됩니다. 그 경험들이 체계적으로 모이진 않더라도 각각의 사람들에겐 일종의 지식 같은 것이 형성돼요. 그 과정에서 생기는 호기심과 지식들이 대단한 것이 아니더라도 중요하게 여겨집니다. 현재의 도시에서는 연령에 따른 공간의 분리가 심각하다는 느낌이 있거든요. 하루 종일 노인을 한명도 보지 않고 살 때도 많죠. 따라서 새로운 기술과 연동되어 생겨나는 사람들 사이의 매개들을 관심 있게 보고 있습니다.

백영경 테크놀로지에 관심이 많고 익숙해져 있는 젊은 세대가 이 기술을 통해 다른 세대와의 접촉면을 늘리고, 기술을 적정화하는 과정에서 다른 세대의 인간, 다른 나이의 감각을 경험할 수도 있다는 말씀이 굉장히 흥미로운 지적인 것 같습니다.

이지은 '효돌'이라는 토이봇을 본 적이 있어요.• AI처럼 정교한 기술은 아니고, 여러 메시지들이 미리 녹음되어 있고 이를 앱으로 관리하는 봉제인형이었어요. 보호자나 관리자가 앱을 관리할 수 있는데, 스케줄이나 알림 등 앱의 기능이 굉장히 구체적이더라고요. 노인들이 경험하게 되는 여러 상황들을 옵션으로 구성해두었는데, 실제 상황을 보면서 꾸준히 업데이트를 해온 것 같았고, 노인들의 삶에 관심이 있어야 개발 가능한 일이라는 생각이 들었습니다. 정말 쓸모 있는 기술이 되려면 어떤 기능이 들어가야 하는가를 실제 상황에 밀착해서 고민할 수밖에 없고, 기술의 사용자인 노인들에 대해 알아야 할 필요가 있으니 이 과정에 다른 가능성이 있을 수도 있지 않을까요?

백영경 실제로 노인복지학과와 공대가 협업을 많이 합니다. 좀 더 쓸모 있는 기술을 만들려는 노력 자체는 많이 진행되고 있는 것 같은데요. 그래도 이 기술이 작동되려면 보호자가 옆에서 작동을 시킨다든지 최소한의 돌봄이 필요할 수밖에 없고, 이런 조건 때문에 디지털 격차가 심화될 위험도 무시할 수 없을 것 같습니다. 기술이 고도화될수록 노인들 사이에 격차가 심화되는 상황인 것 같아요.

• 「"사랑해요" "약 드세요" … 노인 마음 돌본 'AI 로봇 효돌'」, JTBC 뉴스, 2019년 9월 11일(http://news.jtbc.joins.com/article/article.aspx?news_id=NB11878981).

이런 상황을 문제화해서 의식하고, 조금이라도 그 격차를 줄이기 위해 사회적 자원을 활용할 방안을 고민해야겠죠. 단순히 어떤 기술이 어떤 수요에 부합할 것인가를 생각하는 것을 넘어 어떤 사회적 관계 속에서 제대로 작동할 수 있는가에 대해 사회가 더 많은 관심을 보일 때 기술이 좀더 쓸모 있게 사용될 수 있습니다.

어떻게 늙고 어떻게 죽을 것인가

백영경 앞서 노화나 질병에 대한 두려움에 대해 이야기했는데, 그러면 어떻게 잘 늙고 잘 죽을 수 있을까요? 옥희살롱이나 살림의료협동조합에서 많은 걸 시도하고 있는데 그런 활동을 소개해 주셔도 좋을 것 같습니다. 최근 살림의료협동조합에서 케어B&B 사업을 시작했어요. 퇴원은 했지만 집에 혼자 있을 수는 없는 상태의 분들이나 항암 등 치료 중인 분들이 돌봄, 일상생활, 의료를 누릴 수 있는 공간을 모색하는 사업이에요. 이런 종류의 다양한 실험이 이뤄지고 있다는 것이 많이 알려지는 게 중요한 것 같습니다.

사실 한국 의료를 논할 때 긍정적인 전망을 이야기하기가 무척 어렵지 않습니까? 워낙 다양한 문제들이 복잡하게 얽혀 있으니까요. 그런데 김창엽 선생님께서는 고령화에 희망을 걸고 있다고 하시더라고요.* 모든 사람들이 고령화라는 현상에 직면할 수밖에 없는 상황이니까요. 누구나 피할 수 없는 문제를 대규모로 맞고 있기 때문에 어떤 식으로든 변화의 계기가 주어진 셈이에요. 어떻게든 이 문제를 풀어야 하는 상황이라는 게 하나의 전환기라고 볼 수 있는 거죠.

이지은 몇년 전에 한 요양병원이 근처 아파트 주민들과 갈등을 빚은 일이 있었습니다.** 중풍이나 치매를 앓는 환자들이 공원이나 마트 등 아파트 주변을 다니는 것에 대해 주민들이 불쾌감을 표시하면서 산책을 삼가달라고 민원을 넣은 거예요. 처음엔 무척 놀랐는데 비슷한 일들이 종종 생기는 것 같아요. 몇년 전 대전시 대덕구에서도 아파트 단지 내 유치원이 있던 곳에 노인주간보호센터를 지으려 했는데, 아파트 주민들과 관리사무소에서 결사반대했어요.*** 노화, 고령화는 모두가 직면하고 있는 문제인데, 노인시설을 혐오시설로 여기는 사고방식은 뿌리 깊게 자리하고 있어요. 모두에게 닥쳐온 미래임에도 불구하고 그것을 끊임없이 내가 현재 기거하는 공간에서는 몰아내고자 하는 이 모

* 이 책의 5장 참고.

** 「"치매노인 외출자제" … 누구의 '행복타운'인가?」, KBS 뉴스, 2016년 1월 17일(http://news.kbs.co.kr/news/view.do?ncd=3216727).

*** 「혐오시설 취급받는 노인주간보호시설」, 『조선일보』 2019년 6월 12일(http://www.chosun.com/site/data/html_dir/2019/06/12/2019061200636.html).

순, 이 비틀림에 대해 계속 생각하게 됩니다.

백영경 도시에서는 아직 모두의 문제가 아니기 때문인 것 같습니다. 특히 서울 같은 대도시는 아이를 기르는 젊은 사람들이 주 거주민이고, 비경제 활동인구가 거주하기에는 지나치게 생활비가 비싼 도시죠. 그렇다보니 서울에서 노인은 돈이 많지 않은 한 당당한 거주민이 되지 못합니다. 반면 요즘 제주의 뜻있는 여러 마을들에서는 요양병원 사업을 추진하고 싶어합니다. 제주에서는 공동목장, 태양광·풍력발전시설 등을 통해 마을 자체가 공동자원 형태의 자산을 가지고 있는 경우가 꽤 있고, 이러한 몇 마을들이 모여서 마을 자산을 기반으로 요양시설을 운영하고 싶어하는 거죠. 제주 노인들은 상대적으로 건강하게 오래 사시는 편이지만 마지막까지 혼자 살면서 스스로를 돌볼 수 있는 분은 거의 없잖아요. 노인들은 마지막 몇년은 결국 도시의 요양원이나 요양병원에 들어가야 하는데, 그런 상황에 반하여 마을에서 멀지 않은 자리에 작은 규모의 요양병원을 지어 지역 주민들의 노후를 대비하려고 하는 시도입니다. 농촌은 지금 인구의 대부분이 노인이니까, 어떻게 늙어갈 것인가 하는 문제가 이 지역의 사회적인 의제가 되는 것이죠. 수도권이나 대도시에서 노인·노화 문제가 사회적 의제가 되기 어려운 이유는 도시 자체의 구성과도 관련이 있다는 생각이 듭니다.

선생님은 어떻게 늙고 어떻게 죽고 싶으세요?

이지은 굉장히 자주 생각하고 있는데, 아직은 잘 모르겠어요. 피하고 싶은 상황은 비교적 분명해요. 이를테면 햇빛을 못 보고 살다가 죽는 거요.(웃음) 실내에만 갇혀 있는 것은 싫고, 계절이 바뀌는 것은 알면서 죽었으면 좋겠어요. 또 하나는 제가 좋아하는 음악을 틀어줬으면 좋겠다는 것.

백영경 그건 AI가 해줄 수 있겠네요.

이지은 십대 때 좋아하던 음악이라든지 제 음악 취향에 대한 히스토리를 AI가 알고 있어야겠죠. 그리고 제가 어떤 기분인지 파악해서 그에 딱 맞는 플레이리스트를 틀어주면 좋겠어요. 내가 기억하고 싶은 장면을 음악으로 불러올 수 있게요. 그 음악에 얽힌 장소와 기분들을 가지고 올 수 있게. 사소할 수 있지만 제가 가진 작은 소망이죠. 이처럼 어떤 죽음을 원하는가는 사람마다 다를 수 있잖아요. 우리 모두가 노화와 죽음에 대해 좀더 일찍, 구체적으로 생각하고 이야기를 나누었으면 좋겠어요.

백영경 그리고 저마다 다른 생각들이 받아들여졌으면 좋겠어요. 다 똑같은 노인으로 취급받는 게 아니라 노화에 대해 저마다 갖고 있는 다른 감각과 생각들이 존중되는 환경이면 좋겠습니다.

이지은 의학이 발전하고 연명치료법이 고도화됨에 따라 사람들이 질병과 노화에 대해 두려워하는 이미지들이 있죠. 자기결정권 없이 기계에 의존해 목숨을 연명하는 상태. 그런 죽음이 싫다면 나는 어떤 죽음을 원하는가. 한편으로 요양원에서 벌어지는 끔찍한 일들에 대한 기사를 접할 때마다 그런 노년생활은 싫다고 느끼는데, 그럼 나는 어떤 곳에서 살고 싶은가. 이런 주제들을 구체적으로 펼쳐놓고 이야기하려면 노화와 죽음을 지금 자기 삶의 문제로 가져와야 해요. 노인 돌봄에 대해 생각보다 정보가 없고 잘 늙는 법에 대해서도 구체적인 이야기가 별로 없고 추상적인 수준에 그쳐요. 우리는 저마다 각자의 취향이 있잖아요. 어떤 환경에서 살고 싶고, 어떻게 죽고 싶고, 언제쯤 그만 먹고 싶은지, 이런 이야기들을 미리 해둬야 제가 갑자기 정신을 잃어도 주변 사람들이 결정에 대한 책임의 무거움을 덜 수 있어요. 질병을 예방하고, 건강을 관리하고, 노화를 늦추는 것도 중요하지만 정말 쇠약하고 의존적인 상태, 그리고 죽음의 상황에 대해 구체적으로 준비해야 하는 것 같습니다.

백영경 살림의료협동조합에서 '돌봄장'이라는 걸 만들더라고요. 돌봄이라고 하면 내가 누군가를 돌봐야 하는 상황에 대해 부담감을 느끼거나, 내가 누군가의 돌봄을 받는 의존적인 상태에 대해 공포를 느끼게 되는데요. 그렇게 막연히 생각하지 말고 자신이 구체적으로 받고 싶은 돌봄의 내용을 유언장처럼 적어보자는 것이죠. 연명치료 여부부터 시작해서 선생님께서 말씀하신 것처럼 받고 싶은 돌봄의 내용을 목록화하는 작업이에요.

이지은 옥희살롱 바깥대학원에서도 그런 작업을 시도한 적이 있습니다. 제가 치매에 걸리면 이런 돌봄을 원합니다, 하는 내용을 써봤는데요. 기분이 안 좋거나 에너지가 필요해 보이면 십대 때 즐겨듣던 음악을 틀어주세요, 하는 식으로 아주 구체적으로 작성했습니다. 사소해 보일 수 있지만 이러한 작업을 통해 자신의 늙은 모습을 구체적으로 상상해보는 계기가 됩니다.

이를테면 더이상 음식을 삼킬 수 없게 되었을 때 영양공급을 위한 콧줄을 삽입할 것인가 말 것인가 하는 문제 같은 것요. 사실 한국의 연명의료결정법에 따르면 영양공급은 중단할 수 없는 것으로 되어 있기 때문에, 콧줄을 통한 영양공급이 생애 말에는 필수적인 것처럼 보이거든요. 하지만 미국 등 해외에서는 사전의료의향서 등을 통해 선택할 수 있는 문제로 되어 있어요. 치매 말기에 삼킴장애가 심해졌을 때 경관급식을 할 것인가에 대한 논쟁이 있어왔고요.

백영경 한국에서는 콧줄 삽입까지는 일반적이지만 위에 구멍을 낼지 말지는 가족들 간에서도 갈등이 많더라고요. 옛날 말로 '곡기를 끊는다'라고 하죠. 죽음을 눈앞에 둔 한 인간이 음식을 먹고 싶어하지 않는 게 분명할 때 억지로 음식을 먹이는 게 맞을까요?

이지은 경관급식 자체가 삶의 질, 생존 기간 등에 대한 개선 효과가 별로 없다는 연구결과도 있고 실제로 경관급식을 하기 위해서 신체적 구속을 하는 등의 문제 때문에 윤리적으로 논쟁이 되기도 합니다. 이와 관련해 흥미로운 논문•을 본 적이 있어요. 입으로 식사를 하는 것 역시 본인이 원하지 않는 것이 분명해지면 중단할 수 있도록 하는 사전의료의향서와 관련한 법적·윤리적

• Paul T. Menzel and M. Colette Chandler-Cramer, "Advance directives, dementia, and withholding food and water by mouth," *The Hastings Center Report* 44 (3), 2014.

쟁점을 다룬 글이었는데, 논문 자체의 논의와 주장보다 제게 흥미로웠던 것은 그 저자 중 한명이 예시로 제공한 본인의 사전의료의향서였어요. 자신이 아직 음식을 먹는 데 대해 즐거움을 느끼는 것 같다면 숟가락으로 떠먹여도 괜찮지만, 그것을 명확하게 거부하거나 거기에 무관심한 경우에는 자신이 정한 프로토콜에 따라 서서히 음식과 물 공급을 중단해라, 음식이 공급되지 않았을 때 고통스러워하는 것 같아 보여도 식사 공급을 재개하지 말고, 기분 상태를 개선할 수 있는 약물을 사용해라, 이렇게 아주 세세한 사항까지 구체적으로 기술하면서 이것들은 자신의 선택이자 결정이니 존중해달라는 내용이었습니다. 그 내용에 대해 동의하거나 모든 것을 선택하고 결정할 수 있어야 한다고 말하고 싶은 것은 아니에요. 하지만 구체적인 상황들을 머릿속에서 그려볼 수 있게 해준다는 점, 그리고 그런 상황들을 떠올리기 위해서는 사람들이 삶의 마지막 시간을 어떻게 보내고 있는지에 대한 관심이 필요하다는 것을 생각하게 해준다는 점에서 흥미로웠어요. 한국에서 제도화된 사전의료의향서 작성이 특수한 연명치료를 할지의 여부를 체크하는 정도인 것과는 꽤 대조적이기도 했고요.

백영경 그렇게 자세하게 내가 원하는 것을 명시하고, 나의 선택과 나의 결정을 강조하는 사전의료의향서의 논리라는 게 다소 미국적이라는 생각도 들고, 또 그 세세한 요청사항을 주변 사람들이 과연 다 들어줄 수 있을까 하는 의문도 듭니다. 만약 그것이 가능하다면 그것은 굉장히 많은 자원을 가진 극소수 사람의 이야기가 아닐까 합니다. 삼성 이건희 회장의 치료와 죽음의 과정을 생각할 때, 오히려 재벌 회장이기 때문에 자신의 의향대로 할 수 없는 부분도 있었을 것이라는 점에서 자원만의 문제도 아닐 것 같아요. 사실 어느 수준까지는 개별성이 존중되어야 하는 것이 마땅하지만, 또 한편으로는 젊어서도 존중받지 못하는 개별성을 늙어서 혹은 죽음을 앞두고 존중받는 것이 가능할까 하는 의심도 들어요.

이지은 모든 것을 예측하고 선택할 수 있다고 생각하는 것이나, 불가능한 수준의 돌봄을 요구하는 것이 문제적일 수 있겠지요. 하지만 이를 통해 노화가 불러일으키는 여러 변수들을 이야기해보는 것은 필요한 작업인 것 같습니다. 생애 말의 시점에 치매에 걸리거나 노화로 인한 여러 질병이 찾아온 경우, 이 사람들의 삶이 존재하지 않는 것처럼 여겨지는 경향이 있습니다. 위독한 상태가 아니라면 이때의 삶을 별로 고려하지 않는 경향이 있는데, 돌봄장을 쓰자는 제안은 이렇게 괄호가 쳐진 장면들을 상상해보자는 것이죠.

백영경 노화와 죽음 문제를 구체화해보고 그 문제를 비교적 젊은 때부터 자기 삶의 일부로 받아들이는 훈련이란 의미가 있는 것 같습니다. 또한 이런 것들이 이뤄지려면 무엇이 필요한지 그에 대한 사회적 접근을 만들어가는 훈련 과정이기도 하고요.

이지은 이렇게 구체적으로 상상해나가지 않으면 시설이나 돌봄의 질에 대해 계속 이야기한다고 해서 개선될 수 있는 것은 많지 않습니다. 돌봄의 여러 상황을 하나하나 다 요구하고 다 제공받을 순 없겠지만, 사람들이 최소한으로 합의할 수 있는 인간적인 늙음과 죽음, 그에 필요한 환경은 어떤 모습일지에 대해 이야기를 할 수 있어야 합니다.

백영경 한국사회에서는 여전히 아무 준비 없이 나이를 먹고 죽음을 맞이합니다. 돈이 많으면 많은 대로 지나친 연명치료를 하게 되는 경우가 많고, 없으면 없는 대로 아무 대비를 하지 못하고 노화와 죽음을 맞이하는 경우가 대부분입니다. 지금보다 훨씬 더 미리부터 개별자로서 자신의 요구에 대해 생각해보는 작업이 정말 필요한 것 같아요.

이지은 열심히 생각을 하다보면 무엇을 무서워하는지 좀더 명확해지고 그에 대해 대비를 할 수 있게 돼요. 또 포기할 수 있는 건 포기하게 되고요. 다른 사람들이 늙고 죽어가는 모습은 사실 거의 가려져 있어요. 가족이건 친척이건 굉장히 특정한 방식으로만 보게 되죠. 늙고 죽어가는 다양한 방식들을 직간접적으로 알아가는 게 필요해요. 우리 각자의 경험은 부족할 수밖에 없지만 최소한의 상상을 하기 위해서 필요한 부분들이 있어요. 그러지 않으면 추상적으로 생각할 수밖에 없죠.

치매를 예방할 수 있다면 좋겠지만 예방한다고 해서 완전히 막을 수는 없어요. 그래서 저는 치매에 대비해 손으로 할 수 있는 취미생활을 만들고, 근력을 키우기 위한 운동을 하고, 좋은 인간이 되기 위해 노력합니다. 치매에 걸리면 돌봄을 받을 수밖에 없는데 돌봄을 잘 받을 수 있는 몸은 어떤 것일까 고민해봤어요. 낙상이 위험하니까 치매환자를 침대에 많이 묶어두는데, 그런 사고를 피하려면 최소한의 근력이 필요하지 않을까 생각해서 운동을 하려고 해요. 식생활도 바꿔야 할 것 같고, 좀더 유연한 인간이 되어야 할 거 같은데, 말만 많은 노인이 될 것 같고.(웃음) 생명을 연장하고 건강한 노인이 되기 위해서가 아니라 조금 덜 힘들게 죽기 위해서 이렇게 노력하고 있죠.

백영경 우리 모두에게 시간이 너무 없는 것 같아요. 조금만 더 시간이 있다면 얼마나 좋을까요? 가족 내에서 환자가 발생하면 누구에게도 여유가 없으니까 그 문제를 감당하는 것이 너무나 고통스러워져요. 직장은 직장대로 그것을 받아들일 여유가 없고요. 결국 사회 자체가 바뀌어야겠다는 결론으로 이어지는 것 같습니다. 그래서 옥희살롱에서는 무엇을 목표로 활동하고 계신가요?

이지은 저희 별명이 시름시름연구소예요. 사람들도 시름시름하고, 작업도 느려서. 옥희살롱은 오늘 선생님과 나눈 이런 이야기들을 드러내놓고 하는 게 목표예요. 나이 듦, 아픔을 들여다보고, 이야기를 나눌 수 있는 자리를 만들고. 굉장히 천천히 하고 있죠.(웃음) 드라마나 영화에서 질병이나 노년, 돌봄을 어떻게 재현하고 있는지에 대해 대중들과 이야기 나누는 자리도 갖고 있고, 바깥대학원에서는 관련 강의들을 하고 있습니다.

서울 은평구 평생학습관에서 아프고, 돌보고, 나이 드는 경험을 글로 써보는 워크숍을 한 적이 있어요. 20대부터 60대까지 다양한 연령대의 분들이 참여해 자신들의 경험을 글로 써서 나누었는데, 언어화하는 것의 힘을 느꼈습니다. 아프고, 돌보는 고통의 경험들이 보통 뭉개져 있고 다른 감정들과 분리되어 있지 않은데, 그런 감정이나 상황을 살펴서 언어화하고, 그로부터 어떤 문제의식을 글로 발전시켜나가는 과정이 굉장히 감동적이었어요. 돌보는 사람들에게도 시간이 필요하고, 돌보는 사람들에게도 너무 복잡한 감정과 고민들이 있잖아요. 내 책임은 무엇인가, 나는 어디까지 책임질 수 있는 사람인가, 그리고 내 책임감이 다시 나를 무책임한 사람으로 만드는 감정의 연결고리들, 이런 것들을 이야기하고 글로 쓰는 것이 아픔, 나이 듦, 돌봄에 대한 '철학하기' 같다는 생각을 하게 되었어요. 바쁘고 아프고 힘들기 때문에 휙 지나가는 고민과 단상을 붙잡아두는 작업들이었죠. 앞으로 옥희살롱이 이런 자리를 좀더 많이 만들어나갔으면 좋겠다는 생각을 하고 있습니다.

백영경 정말 중요한 부분인 것 같습니다. 꼭 나이 들어서가 아니라 젊어서도 스스로 취약함을 느꼈던 순간을 통해 아프고, 늙고, 돌보고, 돌봄을 받는 것에 대한 감각을 되살려내고 연결하는 작업들을 꾸준히 해나가고, 그 이야기들을 함께 나눌 수 있어야 다른 가능성도 찾아볼 수 있을 것 같아요.

이지은 저는 특히 돌보는 사람들의 경험이 더욱 많이 이야기되었으면 좋겠다는 생각을 합니다. 치매가 그러하듯 아픈 사람들은 자신의 의사를 정확하게 밝힐 수 없는 경우가 많잖아요. 그럴 때 돌봄자들은 많은 윤리적 딜레마를 경험합니다. 치매환자가 집에 있는데 자신은 잠깐 밖에 나가봐야 할 때 많은 돌봄자들이 환자가 밖으로 나갈 수 없도록 잠금장치를 해두고 나가거든요. 집에 가두는 거죠. 그 상황이 너무 괴롭지만 그렇게 할 수 밖에 없는 가족의 마음이 있는 거죠.

이 부분들에 대해 우리가 함께 고민을 해야 하고, 지역사회가 어떻게 바뀌어야 하는가에 대해 구체적인 이야기가 필요한데, 돌봄에 관련된 복지제도는 그리 유연하지 않습니다. 이러한 일상적인 딜레마들 안에서 사람들이 조금이라도 상황을 개선시키기 위해 어떤 도구나 장치, 관계망을 이용하는지에 대해 좀더 많은 이야기가 되어야 그다음이 가능해질 것 같습니다.

백영경 인간의 건강한 상태를 표준으로 놓지 말고 오히려 취약한 상태를 인간의 기본적인 상태로 받아들여야 한다는 이야기들을 합니다. 그와 더불어 윤리적인 딜레마의 문제를 다룰 때 해결책이 없다는 것을 기본으로 둬야 그 상황에 대해 누군가를 비난하지 않고 열린 태도로 논의할 수 있는 것 같습니다. 사실은 해결하기 쉽지 않은 문제라는 걸 받아들이는 것이죠. 이를테면 고독사는 절대 일어나서는 안 될 일처럼 여겨지지만 피할 수 있는 문제도 아닌 것 같아요. 고독사 예방을 위해 이런저런 제도를 마련한다고 해서 고독사가 없어질 수 있을까요? 어르신들을 모니터링하는 기술을 발전시킨다고 하더라도, 그 기술에 잡히지 않는 상황은 존재할 수밖에 없습니다. 한편으로 점점 더 치밀해지는 국가의 감시기술에 우리를 맡길 것인지도 생각해봐야 하는 문제죠. 우리가 정말 두려워하는 것은 고독사라기보다 관계 단절이겠죠. 따라서 삶의 어떤 문제나 윤리적인 딜레마를 설정하고 그것을 완전히 근절하는 것에 초점을 맞추기보다, 오히려 피할 수 없는 문제기 때문에 우리가 무엇을 할 것인가를 고민하면서 좀 더 자유로운 이야기를 나누는 일이 가능해졌으면 좋겠습니다.

대담
김창엽

5장

사람중심 의료를 향해

김창엽

서울대 보건대학원 교수. 건강보장, 건강권, 건강 불평등과 건강정의, 건강체제 개혁 등이 주요 연구 분야이며, 최근에는 '비판건강연구'에 관심을 두고 가능성을 모색하는 중이다. 민간독립연구소인 '시민건강연구소'의 이사장과 소장으로도 일한다. 지은 책으로 『건강의 공공성과 공공보건의료』 『건강보장의 이론』 『건강할 권리』 등이 있다.

누구를 위한 의료인가

백영경 코로나19 사태가 진행되고 있는 지금, 공공의료의 중요성을 많이들 언급하지만 정작 우리가 '좋은 공공의료'의 모습을 알지 못하고 있다고 생각합니다. 지금 한국에서 의료 문제는 상당히 추상적인 차원에서만 이야기되고 있는데 사실 의료라는 현장은 유한한 의료자원을 어떻게 분배할 것인가 하는 결정을 둘러싼 굉장히 구체적인 장입니다. 그럼 본론으로 들어가기 전에 중요한 개념부터 먼저 짚어보겠습니다. 선생님의 최근 활동을 살펴보니까 '사람중심 의료'를 강조하시던데 이게 공공의료와 같은 개념인지, 다르다면 어떻게 다른 것인지 궁금합니다. 사람중심 의료란 무엇인지에 대해서부터 이야기를 시작해보면 좋겠습니다.

김창엽 사람중심이라는 게 사실 좀 황당한 이야기죠.(웃음) 보건이나 의료 분야에 계신 분들도 무슨 말인지 잘 모르겠다거나 너무 추상적이라고 지적하는 경우가 왕왕 있습니다. 간단하게 설명을 드리면 저는 사람중심이라는 말을 푸꼬적 의미의 비판담론이라고 생각합니다.• 푸꼬에 따르면 비판은 내용 자체의 옳고 그름의 문제가 아니라 익숙한 가정이나 개념, 관습적으로 받아들여지는 사고를 전복하거나 재구성하는 것입니다. 저는 사람중심 또는 사람시각이 바로 이러한 비판 목적의 개념이라고 생각합니다.

예를 몇가지 들어보겠습니다. 한국에서 주치의제도를 도입하자고 25년 가까이 이야기해왔죠. 또 의료전달체계나 일차의료 강화와 같은 논의들도 많았습니다만 정책적으로 잘 풀리지는 않았습니다. 익숙하지 않은 분들도 있으니 이 제도들을 잠깐 설명하는 것이 좋겠습니다. 사실 주치의제도, 의료전달체계, 일차의료는 서로 연결되어 있는데, 이들 제도는 가벼운 질병은 가까운 의원(일차의료기관)에서 치료하고 드물고 어려운 병은 큰 병원, 전문병원에 가서 진료를 받게 하자는 것입니다. 지금도 진료를 받다보면 이렇게 되는 수가 많지만, 제도라고 할 때는 강제하거나

• Michel Foucault, *Power: Essential Works of Foucault 1954-1984*, ed. James D. Faubion, New York: The New Press 2000.

경제적 동기를 부여해 대부분이 이런 흐름을 따르게 하자는 것이지요. 그중에서도 주치의제도는 동네에서 일차의료를 담당하는 의사를 정하고 이 의사에게 가벼운 병의 진료와 큰 병원에 가야 하는지의 판단, 그리고 입원 후 관리까지 책임지고 '조정'하는 역할을 맡기자는 제도입니다.

언뜻 들으면 이상적이지만 지금 의료전달체계를 시행하자고 하면 대부분이 반대합니다. 지방에 계신 분들은 이 제도를 지방 사람들이 서울의 빅5병원에 못 가게 막는 차별로 인식하고, 자신들을 2등 국민 취급한다고 받아들이기도 합니다. 이 문제를 사람중심으로 접근하면 이러한 논의들이 누구의 시각에서 이야기되어왔는지를 질문하게 됩니다. 다르게 말하면 주치의제도, 의료전달체계, 일차의료 강화가 시행된다면 보통사람들한테 무엇이, 어떻게 좋아지는지를 따져보는 겁니다.

그러니까 사람중심이란 것은 일반대중이 갖고 있는 판단이 맞는다는 의미, 즉 대중추수주의가 아니라 무언가를 논의할 때 누구의 관점에서 무슨 가치를 이루기 위해 하는가를 질문하는 비판적 시각입니다. 그런데 우리 현실에서 새로운 정책 시도가 나왔을 때 사람들은 이것이 더 행복하고 더 건강하고 더 편한 사회를 만들기 위한 제안이 아니라 알 만한 전문가들이나 정책 담당자들이 체제를 정비하려는 의도로 내놓은 것일 뿐이라고 느끼고 있습니다. 앞서 말씀드린 것처럼 의료전달체계를 정비한다고 하면, 큰 병원을 맘대로 못 가게 해서 건강보험 재정을 아끼기 위해서라고 해석하는 사람들이 많습니다. 한편 의료전문가들은 국민, 환자, 당사자를 위한 것이 무엇인지를 판단해야 하는데 어느새 '교과서에 이렇게 실려 있어요' '전세계가 이렇게 해요' '선진국에서는 이렇게 해요'라는 게 더 중요해졌습니다. 다시 말해 정책이라는 게 소외되고 공허해지고 물신화된 거죠. 사람들이 의료전달체계에 거부감을 갖는 데에는 이런 이유가 크고, 그래서 누구를 위한 것인가라는 의미에서 사람중심, 사람시각을 회복하는 게 중요합니다.

저는 이런 비판의 관점에서 모든 개인적·사회적·정책적 차원의 보건과 의료적 개입 또는 실천의 의미를 물어봐야 한다고 생각합니다. 구체적으로는 이 자본주의 사회 또는 자본주의 시장 메커니즘을 대전제로 한 보건·의료·건강 관리에 대해 많이 물어야 합니다. 의료가 극도로 상품화되어 있고 점점 더 자본축적의 도구가 되어가는 상황들을 우리가 정확히 이해하기 위해서는 사람중심의 시각에서 질문을 해야 하고 현재로서는 그것이 가장 근본적인 질문이 되겠죠.

백영경 한국에서는 삶의 전반적인 의료화의 문제가 너무 큰 것 같습니다. 제가 의료인류학을 연구한다고 하면 무슨 인류학자가 의료를 하느냐고들 합니다. 그래서 일반 사람들한테 설명을 할 때는 인류학자가 일반적으로 하는 것들, 이를테면 사람이 나고 성장해서 어른이 되고 나이를 먹어서 죽기까지의 문제를 다룬다고 설명합니다. 그런데 요즘에는 대부분의 사람들이 병원에서 태어나서 병원에서 죽고, 장례도 병원에 딸린 장례식장을 이용합니다. 갱년기와 노년기를 맞으면 국가에서 제공하는 생애전환기 건강검진을 받고, 매년 생일기념으로 검진을 받는 경우도 있습니다. 현대인들은 생로병사뿐만 아니라 교육과 성장에 따르는 모든 중요한 인생의 단계들을 병원이나 의사와 함께한다는 느낌인데요. 인간이 하고 있는 모든 생애의례 자체가 병원에서 이루어지고 의료가 삶의 일부가 되다보니, 사람 자체가 이미 의료의 힘으로부터 자유롭지 못하다는 생각이 듭니다. 이런 상황에서 사람중심이라는 것은 어떤 의미라고 보아야 할까요?

김창엽 제 입장에서는 사람중심을 비판의 의미로 쓰겠다고 하지만, 우리 각자가 이미 전문가중심주의 또는 시장적인 이해의 틀 안에서 살고 있고 이런 가치를 내재화하고 있으니 당연히 잘 안 되겠죠.(웃음) 그렇지만 저는 이런 관점에서 질문을 던지면 실제로 개인 차원에서도 끊임없이 모순이 드러난다는 점에 희망을 걸고 있습니다. 이를테면 수천만원을 호가하는 고급 건강검진을 받으면 좋다는 거야 누구나 아는 사실이지만 그럴 수 없는 대부분의 시민들의 불만과 불안의 경험이 일상에서 계속 반복될 겁니다. 코로나19처럼 사회적으로 공통으로 경험하는 사건인 경우에는 그런 인식이 심화될 가능성이 생기겠죠. 그러면서 다양한 모순에 대한 문제의식이 싹트기 시작할 것이라고 생각합니다.

'의료 공공성'이라는 문제의식이 지금도 끊임없이 호출되고 있습니다. 사실 한국 의료에서 가장 큰 문제가 무엇이라고 생각하는지 묻는 여론조사를 하면 압도적으로 공공성 부족 문제를 꼽을 겁니다. 이것이 한국 의료에 대한 사람들의 보편적인 시각인데 물론 각자의 경험은 저마다 다릅니다. 본인부담금이 많다거나 의사들이 불친절하다는 등 공공성에 대한 경험과 이해 방식은 다르죠. 사람중심의 시각이라는 것은 결국 이렇게 사람들이 현재 느끼는 고통이 무엇인지를 묻는 질문에서 출발해야 됩니다. 의료전달체계, 일차의료, 주치의제도를 논하려면 해외 사례를 들먹일 것이 아니라 '지금 한국에서 살아가는 사람들한테 가장 힘든 게 무엇인가'라는 측면으로 접근해야 합니다. 그런데 그 고통의 대안으로 사람들이 인지하고 있는 것이 실제로 공공성이라는 개념입니다. 다들 공공성을 한국의 시장체제 또는 현재의 체제에서 드러난 여러 부정적 현상의 대척점에 있는 무언가라고 생각하고 있어요. 어떻게 보면 이건 기회죠. 아직 구체적인 제도나 정책으로 연결이 안 된다는 문제가 있지만요.

백영경 의료인류학에서 많이 사용하는 개념으로 '사회적 고통'이라는 것이 있습니다. 단순히 고통에는 사회적 성격이 있다는 뜻이 아니라 사회제도나 담론, 정책 등이 인간의 고통을 특정한 방식으로 주조하기도 하고, 더욱 배가시키기도 한다는 개념입니다. 의료인류학자인 아서 클라인먼은 생로병사가 몸을 가지고 태어난 인간이면 누구나 어쩔 수 없이 겪게 되는 고통인 것 같지만, 그 고통의 많은 부분이 사회 문제를 해결하기 위한 제도나 정책에 의해 보태지고 만들어지기도 한다는 사실을 보여주고자 했습니다. 선생님 말씀을 들으니까 이 분야를 좀더 열심히 연구해야겠다는 생각이 드네요. 의료 공공성이라는 것이 결국 현실 속에서 부당한 제도나 부족한 지원체계 때문에 고통받고 있는 사람들의 어려움에 응답하는 것이어야 할 테니까요.

한계에 다다른 한국형 의료체계

백영경 한국사회에서 정치인들이 의료 문제를 해결하려는 의지가 있는지 잘 모르겠습니다. 정치하는 사람들에게 의료는 건드리고 싶지 않은 문제, 잘못 건드렸다가 괜히 표만 떨어지는 문제가 아닐까요?

김창엽 사회과학 분야에서 더 연구를 해봐야겠지만, 이렇게 된 데에는 의료보험이 아주 결정적인 역할을 했다고 생각합니다. 박정희정권 시절인 1977년 의료보험제도가 시작되고 노태우정권인 1989년에 '전국민' 의료보험이 되었습니다. 이때 왜 의료보험제도를 시작하고 모든 국민에게까지 급하게 넓혔느냐에 대해서는 여러 해석이 있는데, 저는 당시 정권들이 의료보험을 가장 즉각적이고 직접적인 국가 통치기술로 썼다고 봅니다. 여기서 통치기술이란 국가가 국민(피치자)으로 하여금 국가와 정권을 정당하다고 인정하면서 국가와 정부 정책에 순응하거나 협력하도록 함으로써 국가권력을 안정적으로 유지하는 실천을 뜻합니다. 당시는 소득 문제나 노동 문제, 농촌경제 문제 등이 모두 심각한 상황이었잖아요. 국민들은 우선 나라가 잘살아야 된다는 사회적 분위기 아래 그런 고통을 참는 분위기였는데, 못 견딜 정도로 사회적 문제가 심각해졌을 때 '그래도 나라가 좋아지니까 이런 혜택도 있구나'라고 느끼게 해준 가장 직접적인 제도가 의료보험이었죠. 의료보험을 통해 국가권력의 정당성과 가치를 인정하게 되는 것이 바로 통치기술의 효과라 할 수 있겠습니다.

문제는 그 이후로 건강이나 의료 문제의 모든 것이 '보험화' 되었다는 겁니다. 이 보험화가 굉장히 빠른 시간 안에 확대된데다 여론의 평가도 좋은 편이잖아요. 게다가 미국의 값비싼 의료서비스 같은 이야기가 자주 들려오니까 일반 대중은 이 정도면 괜찮은 편이라고 느끼고 안주하게 되는 거죠. 실제로 여론조사를 해보면 우리나라의 여러 제도 중에서 건강보험에 대한 만족도가 가장 높은 편에 속할걸요? 2019년 건강보험공단이 발표한 여론조사에 따르면 '현재 건강보험제도가 우수하다'는 응답자가 63.3퍼센트, '건강보험제도가 국민의 건강한 삶에 도움이 되었다'는 응답자가 82퍼센트에 이를 정도였습니다. 그렇다보니까 여러 문제들이 현실적인 과제로 부각되지 않고 있습니다.

백영경 오히려 더 많은 보험화를 하는 방향으로 논의가 되는 것 같습니다.

김창엽 일반 대중들이 갖고 있는 불만 중에서는 지금의 보험제도나 의료, 그러니까 치료라고 하는 의료로 해결되지 않는 문제도 많은데 그걸 전부 국민건강보험 한가지만으로 해결하려고 합니다. 국가 통치라는 측면에서는 성공했다고 볼 수 있지만 다른 사회적 과제를 해결해나가야 하는 상황에서 보면 마냥 좋다고 할 수 없습니다. 건강보험과 거리가 있는 다른 문제는 아예 의제가 되기 어렵고, 보험이 의료 문제를 필요 이상으로 감당하고 있는 상황이라고 생각합니다.

백영경 그럼 선생님은 지금까지 심화되어온 보험화라는 큰 틀에 균열을 내거나 그에 대한 새로운 인식과 변화를 이끌어낼 수 있는 수단을 고민하고 계신 건가요?

김창엽 그런 변화라는 게 한두가지 요인으로 되는 건 아닙니다만 고령화, 그리고 지역의 위축과 쇠퇴가 결정적으로 중요한 계기가 될 거라고 봅니다. 우리 보건의료와 건강보험이 구조적 문제를 안고 있기 때문인데요. 지금 우리 보험의 기본적인 시스템은 민간의료를 중심으로 한 시장형 의료와 아주 긴밀하게 연결돼 있는 상황입니다. 공적으로 마련된 재정이 보험을 통해 결국 시장에 돈을 대주는 역할을 합니다. 그러니까 공적 재정이 시장 메커니즘을 원활하게 돌리는 인프라가 되는 거죠.

백영경 지금 한국의 모든 공공부문이 그런 것 같습니다. 재정은 공공인데 재정을 투입하면 투입할수록 재정이 투입되는 부분에서 사적인 영역이 커지면서 오히려 질이 떨어지는 상황입니다.

김창엽 돌봄이 결정적으로 그렇습니다. 돌봄과 요양사업의 재정은 공적인 노인장기요양보험을 통해 충당되는데 결국 시장을 키우는 쪽으로 치우쳐버렸습니다. 즉 공적 자본이 민간 공급자를 위한 경제적인 토대가 되어버렸어요. 그런데 거시적으로 보면 고령화나 지역 위축이 심화되면서 현재의 시장형 시스템과 건강보험의 공적 재정이 더이상 지속될 수 없는 한계까지 왔습니다. 인구가 줄어들면서 시장이 붕괴하는 상황이 된 거죠. 제가 작년 겨울에 경상북도 예천군에 갔는데, 인구가 1만 7천명으로 전국에서 제일 적대요. 이곳에 병원 간판을 내건 곳은 하나 있는데 그마저도 제대로 된 병원 기능을 못하고 있었습니다. 지역 주민분들께 병원 갈 일이 생기면 어떻게 하느냐고 여쭤보니까 안동까지 나가야 된다고 하시더라고요. 안동까지 한시간이 넘게 걸리니까 위급한 일이 생기면 어쩌나 늘 불안하다는 거죠. 시장규모가 1만 7천명밖에 안 되니까 작은 의원들도 조만간 운영이 어려워질 게 뻔합니다. 많은 불만이 나올 수밖에 없고 국가나 공공부문의 역할이 대체 무엇이냐는 질문들이 터져나올 겁니다.

백영경 한국사회에서 의료와 돌봄을 완전히 나눠서 생각하는 것도 큰 문제입니다. 돌봄은 간병인이 하고 의료는 의사가 하는 것이라고 흔히들 생각하는데 사실 돌봄의 의미를 크게 생각해보면 개인의 특정한 상황에 주의를 기울인다는 개념입니다. 영어로 '케어'(care)라고 하면 관심을 기울인다는 의미, 돌본다는 의미가 모두 포함되죠. 그런 의미에서 의료 역시 돌봄에 해당하고 둘 간의 위계적 장벽이 사라져야 한다고 생각합니다.

김창엽 백퍼센트 동의합니다. 지금 노인인구가 인류 역사상 가장 많고 고령화 비율이 단군 이래 제일 높지 않습니까. 노인인구가 많아지는 이 현상이 세상을 근본적으로 바꿀 거라고 예상합니다. 사람들의 생각과 가치관과 생활양식, 이 모든 걸 바꿀 거예요. 그 점에서 결국 돌봄이 인류의 삶의 중심에 있을 수밖에 없겠죠. 여기서 페미니즘의 최근 돌봄 이론, 돌봄 윤리를 참고해야 한다고 생각합니다. 즉 인간은 누구나 당연히 취약할 수밖에 없고 상호의존적인 존재라는 점에서 출발해야 합니다. 돌봄이 미성년과 노인, 장애인을 위한 지원에 그치는 것이 아니라 인간 활동의 모든 영역에 필요한 삶의 필수요소라고 이해해야 합니다. 필요한 모든 사람이 돌봄을 받을 수 있어야 정의로운 상태일 것입니다. 주로 여성이 담당해온 돌봄의 틀을 벗어나 보육, 교육, 의료 전체를 포괄하는 개념으로 자리매김해가는 것이 굉장히 중요하다고 생각합니다.

돌봄을 전통적인 의료에 적용하면 의료는 한편으로 좁아져야 하고 한편으로는 훨씬 더 풍부하게 확장되어야 합니다. 좁은 의미의 의료가 제자리를 찾으려면 의료 본래의 기능에 충실하게끔 해야 합니다. 사실 사람들이 병원에 꼭 치료받으러 가는 게 아니거든요. 예를 들면 산골에 사는 사람이 버스 시간 맞춰서 읍내 나와서 별 효과도 없는 물리치료 받고 시간 보내는 풍경이 흔하죠. 이 사람은 병원에서 다른 사람들 만나서 이야기하고 간호사한테 새로운 소식을 듣기도 하면서 일종의 사회생활을 하는 거예요. 말하자면 지방 사람들의 사회생활을 의료가 어느정도 부담하고 있는 거죠. 이 때문에 건강보험 재정 부담이 늘어나는 부작용도 있습니다. 또 겨울이 되면 중소병원에 의료급여 환자가 굉장히 늘어요. 겨우내 몇달씩 입원하는 환자들인데, 난방이 되는 병실에서 전기도 쓸 수 있고 밥도 주니까 병원에서 지내는 겁니다. 다른 돌봄이 담당해야 하는 영역임에도 의료가 담당하고 있는 거죠.

'돌봄의 의료화'도 노골적입니다. 의료화의 대표적인 현상으로 ADHD(Attention Deficit Hyperactivity Disorder, 주의력결핍과잉행동장애)가 있죠. 요즘엔 부부 상담도 대부분 정신과 전문의한테 갑니다. 물론 그중 일부는 실제로 의학의 도움이 필요한 경우도 있지만 대부분의 경우 다른 종류의 돌봄이 필요한 상황이죠.

그러니까 지금 넓은 범위의 돌봄이 시장화되어 있습니다.

지금까지는 이렇게 굴러왔는데 앞으로 고령인구 비율이 늘어나면서 분명 이 시스템이 삐걱거리기 시작할 겁니다. 고령인구를 중심으로 한국 전체 또는 전세계적으로 돌봄의 구조와 역할을 완전히 재구성해야 한다고 생각합니다. 그리고 고령인구가 많아지면 돌봄이 그 어떤 것보다 사회 내에서 중요한 영역으로 자리잡게 될 겁니다. 물론 그렇게 되려면 한국사회가 갖고 있는 돌봄에 대한 이해부터 바뀌어야겠죠. 지금까지 돌봄은 여성들이 하는 부불노동 취급을 받아왔지만 앞으로는 누구나 돌봄노동을 해야 하고, 그 대상이 될 수도 있다는 것을 인식해야 합니다. 돌봄이 본질적인 사회적 관계 중의 하나라는 인식의 변화가 필요합니다.

이런 인식의 변화가 없으면 각 지역에서 이뤄지는 돌봄과 의료, 예방과 보건의 편성이 기존 의료모형을 그대로 따라갈 겁니다. 그러면 돈 되는 일 위주로 진행되고 돈이 되지 않는 돌봄은 제공되지 않겠죠. 이를테면 여러 보건과 복지 서비스를 지역에서 종합적으로 제공하자는 '커뮤니티케어'가 요즘 자주 논의되는데, 이 사업에 약사도 간호조무사도 의사도 어떻게든 한 발을 들여놓으려고 혈안입니다. 그러다보면 경쟁이 극도로 치달으면서 각각의 영역이 조각조각 흩어지고 맙니다. 돌봄을 넓은 의미에서 종합적으로 봐야 한다는 취지와 정반대로 갈 가능성이 높습니다.

백영경 돌봄을 통합적으로 접근하자는 게 커뮤니티케어의 정신인데 오히려 현실 속에선 반대로 가고 있는 거네요.

김창엽 더 구체적으로 예를 들어보면 보건교육사들이 교육 부분을 떼어가고, 약은 약사가, 진료는 의사가 가져가면서 돌봄이 조각나는 거죠. 한 사람에 대해 포괄적으로 이뤄져야 하는 돌봄을 시장에서 상품으로 쪼개면 제대로 된 돌봄이 이뤄지지 않을 뿐 아니라, 이런 시장화는 현실의 고통을 해결하는 데 전혀 도움이 되지 않습니다. 커뮤니티케어와 관련해 사람들이 뭘 필요로 하는지는 관심이 없고 누가 반대하는지, 돈은 얼마나 쓰는지, 지자체 부담이 가는지만 신경을 쓰고 있으니 정말 한심한 상황이죠.

백영경 시장화·상품화가 곳곳에서 발목을 잡고 있네요.

김창엽 저는 우리나라의 이러한 보건의료체계가 '87+89년체제'라고 생각합니다. 우선 1987년에는 제도적 민주주의와 형식적 민주주의가 진전되면서 시민으로서의 권리와 참여민주주의의 가치가 확립됐고, 이런 사회적 분위기가 보건이나 의료에도 중요한 영향을 줬습니다. 예를 들면, 의료도 권리라는 인식과 내 요구를 직접 이야기해야 하겠다는 참여의식이 크게 높아졌습니다. 이에 더해 1989년은 전국민 의료보험이 시작된 해입니다. 전국민에게 적용되었다는 것이 상당히 중요한데요. 어느 지역의 어떤 계층에 있든지, 현재 형편이 어떻든지 대한민국 국민이라면 기본적인 의료 혜택을 누릴 수 있다는 원리이기 때문입니다. 한편으로 의료가 모든 사람의 권리로 자리매김되었고, 또 한편으로는 불평등은 곤란하다는 사회적 규범이 생기기 시작했다고 생각합니다. 현재 우리가 의료에 대해 갖고 있는 인식의 기본적인 틀이 대체로 89년 전국민 보험체계, 또 그 보험을 만들 때의 문제의식에서 출발합니다. 결국 사회 전체적으로는 87년체제가 유지되고 있지만 보건으로 보면 87년체제에 더해 89년체제가 이어져온 겁니다. 그 사이에 해결과제로 지목된 것들도 대체로 그 틀을 못 벗어나고 있습니다. 코로나19 국면인 지금까지도요. 그 틀이 뭐냐 하면 하나는 개인이 의료비용을 감당할 수 있어야 한다는 것이고, 또 하나는 접근성, 즉 의료기관이 쉽게 갈 수 있는 가까운 곳에 있어야 한다는 겁니다. 온 사회가 이 두가지를 해결하려고 해왔죠. 사실 이 당시는 '나라 만들기' 시기였기 때문에, 국가가 하는 일과 사회적 진보의 방향이 비교적 일치했다고 생각합니다. 사회운동을 하는 사람들과 공무원의 목표가 비슷했던 거예요.

'나라 만들기'의 대단원이 2000년이라고 생각합니다. 2000년은 의약분업, 건강보험 통합, 의료대란 등이 한꺼번에 일어난 해인데, 당시의 보건의료정책이 지금까지 제도의 뼈대로 이어져오고 있습니다. 조금 더 뒤인 2008년의 노인장기요양보험 시작까지 넣을 수 있겠군요. 여기까지가 보건·건강체제란 측면에서 나라 만들기 시기였고, 이때 만들어진 정책과 제도들이 이후의 사회체제로 연장되었습니다. 결국 87+89년체제 안에 공공의료, 일차의료 같은 것들이 전부 포함돼 있고, 이것들이 근대적인 의료체계를 만드는 과제인 동시에 국민의 행복과 삶에도 도움이 되는 진보적인 과제들이라고 이해되어왔습니다.

하지만 이 구조 안에서 끊임없이 모순과 좌절이 발생하는 것이 현실입니다. 지금의 의료와 돌봄체계는 공적으로 재정을 마련해서 시장에 투입하는 구조 아닙니까? 다시 말해 국가가 주도해서 거대한 시장을 만든 겁니다. 의료는 말할 것도 없고 돌봄노동까지 철저히 시장과 상품화에 기초해 있습니다. 접근성과 비용이라는 두 시대적 과제는 어느정도 해결되었지만 그것이 전부 시장메커니즘을 통한 것이라는 한계가 있습니다. 의료의 질이나 불평등 문제 또는 과도한 의료화에 따른 여러가지 불이익 등은 점점 심화되고 있습니다. 개인이 스스로 적절한 의료기관을 찾아 헤매야 하거나 과잉진료로 과도한 의료비를 지출하고, 병원에서 돈이 되지 않는 진료는 기피하는 등의 문제들이 있죠. 그렇다보니 국가가 시장을 어느정도 통제하기 위해 개입하려고 해도 문제는 시장의 힘이 너무 센 거죠.

일차의료 강화나 의료전달체계 도입 논의가 가시화되면 현재 구조에서는 이른바 3차병원이라고 하는 대학병원이 정치적으로 반대 세력이 됩니다. 지금은 좀 잠잠해졌는데 전국적으로 대형병원에서 암센터를 짓는 게 유행했습니다. 주목할 부분은 암환자들이 어디서 왔는지 그 많은 암센터가 다 찼다는 점입니다. 이는 표면적으로는 한국의 암치료 기술이 세계적인 수준으로 성장했다는 반증이 될 수 있겠지만, 들여다보면 제대로 관리되지 않은 채로 사람들이 시장에서 불필요한 상품을 구매해왔을 가능성이 훨씬 큽니다. 건강보험을 재정메커니즘으로 하여 거기에 기반하고 있는 시장구조가 점점 더 공고해지고 확대되다보니 이런 식으로 비뚤어진 구석이 산재해 있는 상태입니다. 공공정책이라는 것은 시장메커니즘 때문에 생기는 부작용들을 조금이라도 줄이는 데 집중하게 되는데 시장의 힘이 세니까 계속 실패하는 것이고요.

시장논리와 국가권력에 포섭되지 않기 위해

백영경 국소적인 변화보다는 국가적으로 큰 틀을 바꾸는 비판의 힘이 살아나야 제대로 된 개입이 이루어질 수 있다는 말씀을 하고 계신 것 같습니다.

김창엽 네, 그게 사람중심의 진정한 의미입니다. 의료라는 것은 법 이상의 일상이고 현실이기 때문에 사람들이 의료현실 속에서 다양한 모순과 불만을 계속 맞닥뜨릴 것이고, 결국 이것이 문제제기를 이끌어낼 요인으로 작동한다고 생각합니다.

예를 들면 문재인정부가 의료 공약으로 두개를 내걸었습니다. 하나는 문재인케어고, 다른 하나는 치매국가책임제입니다. 치매국가책임제가 대통령의 공약이 됐다는 건 이 문제가 대중적·사회적으로 설득력이 있다는 의미거든요. 잘 들여다보면 전부 시장메커니즘에 대한 문제제기입니다. 가족 중에 돌봄이 필요한 노인이 있는 경우, 아무도 돌볼 사람이 없다면 요양시설에 보내야 하는데 본인부담이 아무리 적어도 월 150만원은 듭니다. 공적 지원시스템이 전혀 없으면 몇년 동안 두세명의 자식들이 그 비용을 부담해야 하는데 그럴 수 있는 사람이 한국에 얼마나 있겠습니까.

백영경 ‘역모기지’를 통해 본인이 살고 있는 집을 팔아서 그 돈으로 자신의 요양비용을 내는 게 계획인 분들도 꽤 있다고 합니다.

김창엽 그게 바로 의료와 돌봄의 시장체제가 갖고 있는 현실적인 고통입니다. 사람중심의 시각에서 보면 그 근본적인 구조의 핵심에는 자본주의 시장체제가 있습니다. 하지만 과연 우리가 시장권력을 통제할 수 있을까요? 저의 큰 고민거리이기도 합니다.

백영경 통제는 못해도 적어도 이제 시장에 대줄 돈은 없을 것 같아요. 저는 현대의료의 문제 중 하나가 너무 고가라는 점이라고 봅니다. 기술적으로 발전해도 그 비용을 아무도 감당할 수 없다는 거죠. 신약의 가격이 개인적으로 부담할 수 있는 수준을 넘어선 지는 이미 오래되었습니다. 표적치료에 사용되는 항암제 가운데에는 한달 투여비용이 수천만원에 이르는 경우도 흔하더라고요. 물론 이를 건강보험체계 안으로 포함시켜서 개인이 비용부담을 하지 않게 되기도 하지만, 이런 고가 약들의 출시가 이어지다보면 보험재정으로도 감당할 수 없게 되겠지요.

김창엽 그런 맥락에서 중요한 사례가 또 있습니다. 미국의 한 제약회사에서 C형간염의 치료제를 개발해서 시판하고 난 첫해에 막대한 이익을 봤습니다. 그런데 그다음 해에 바로 이익이 떨어졌어요. 의료는 질병을 완치해버리고 나면 비즈니스 모델이 안 되거든요. C형간염 치료제가 병을 완치해버리니까 제약회사의 경제적 이익이 자꾸 줄어서 투자은행 골드만삭스(Goldman Sachs)에서는 앞으로 이런 신약을 개발하지 말고 완치가 어려운 만성질환 위주로 개발하라는 진단을 했습니다. 영어로 'neglected disease'라고 하는데, 한국말로는 소외질환쯤 될까요. 질병도 있고 환자도 있지만 경제적 가치가 없어서 투자가 없는 질병을 말합니다. 말하자면 시장구조에서 경제적 가치가 없으면 지식 생산부터 실용화 기술까지 전체적으로 공백이 생기게 되지요.

한편으로 한국은 물론 동아시아적 현실에서 흔히 '공공'이 '국가권력'과 동일시된다는 문제를 언급하지 않을 수 없습니다. 저는 공공성 프로젝트가 결국 탈자본주의 프로젝트라고 이해를 하는데, 이는 지금 한국사회가 공공성을 의료의 상품화·영리화·산업화에 반대하는 개념으로 받아들인다고 보기 때문입니다. 공공성과 자본주의 시장경제체제는 조화하기 어렵다는 뜻입니다. 그런데 보건이라는 게 굉장히 친국가적이기 때문에 탈자본주의 프로젝트에서 국가권력을 제대로 점검하지 않고 넘어갈 위험이 있습니다.

백영경 사실 사회과학에서 '공중보건'이라는 말은 무엇을 문제로 보느냐, 어떻게 개입을 하느냐, 어디에 우선순위를 두느냐 등에서 정치적일 수밖에 없는 개념으로 이해되고 있고, 공중보건 정책이 실시되는 과정에서 종종 인권이 침해되거나 차별행위가 이루어지기도 한다는 점에서 꼭 좋은 의미로만 쓰이지는 않습니다. 용어라는 것은 언제나 정치적이고 그 안에 내재된 권력관계를 봐야 될 텐데요. 한국에서는 공중보건 혹은 '퍼블릭 헬스'(public health)라고 하면 긍정적인 측면만 주로 부각되는 것 같습니다. 공중보건이란, 국가가 제대로 시행하지 않아서 부족할 뿐, 당연히 훌륭한 것이라 생각하는 경향이 있고, 진보적인 개념으로만 쓰이고 있습니다. 지금의 코로나19 국면에서 국가권력의 힘이 긍정적으로 작용한 경우도 있지만, 시민들이 나서서 국가의 더 많은 개입을 요청하고 나의 안전을 위해서라면 다른 시민들의 권리를 제약해주기를 바라는 경향도 있는 것 같아서 걱정이 듭니다.

김창엽 굉장히 큰 문제입니다. 감염병은 특유의 현실적인 문제 때문에 조금 더 어려운 점이 있습니다. 집단적인 개입이 필요한데, 이를 위해서는 현실적으로 국가권력을 대신할 게 없으니까요. 불가피한 측면도 분명 있지만 생명정치의 측면에서 따져봐야 할 게 많죠. 코로나19 국면에서 극명하게 드러나듯이 본래 국가친화적이던 한국적 상황, 즉 자본주의 시장체제 의료가 갖고 있던 문제에 국가가 개입하는 전통이 강한 경우에는 자칫 잘못하면 균형이 국가권력 쪽으로 치우치기 쉬워서 굉장히 조심해야 된다고 생각합니다.

자본주의 속에서 왜곡된 전문가주의

백영경 공공성이나 국가권력에 이어서 보건의료 분야에서 짚고 넘어가야 할 것으로 전문가주의도 빼놓을 수 없습니다. 사실 의사들이 공공성 문제에 접근하는 방식이 많이 바뀐 것 같아요. 지금의 일반적인 임상의사들은 진료 외의 사회 문제에 직접 개입하거나 발언하는 예가 별로 없지만 1960~70년대는 물론 80년대까지만 해도, 결핵퇴치운동이나 가족계획사업 등 사회개혁에 앞장선 의사들이 많았습니다. 의사들 스스로 사회의 여론을 이끄는 엘리뜨로서의 자의식이 강했음을 볼 수 있는데요. 사회가 발전해서 그렇기도 하겠지만 최근의 의사들은 스스로가 사회 문제 해결의 주체라는 생각은 그리 하지 않는 듯합니다. 사회활동이라고 하면 공적인 역할이 아니라 미디어 출연을 의미하게 된 것 같아요. 의료가 서비스나 상품이라는 것도 당연하게 받아들이는 분위기고요. 이런 식으로 의료의 성격이 확 바뀌게 된 계기는 무엇이라고 생각하시나요?

김창엽 역사적으로 보면 의료는 자본주의의 발전 영역과는 조금 떨어져 있고 경제적인 면에서도 전세계적으로 자본주의체제와 상대적으로 느슨하게 결합되어 있었습니다. 기껏해야 노동자들의 건강을 빨리 회복시켜서 체제의 생산력이 유지되는 데 도움이 되는 정도로 시장의 주변부에 머물러 있었죠. 한국의 의료와 자본주의체제가 밀접해진 계기는 앞서 말씀드린 것처럼 1977년 의료보험제도의 시작이고, 이후 지금까지 한국 의료가 그 방향으로 걸어왔다고 생각합니다. 단적인 예로 지금 국민의료비란 이름으로 의료에 쓰는 돈이 GDP의 8퍼센트쯤 됩니다. 이 정도면 상당한 규모의 경제죠. 의료는 수십만명의 일자리이고 제약 분야까지 합치면 어마어마한 경제적 비중을 차지합니다. 그러다 보니 의사들 또한 점점 더 자본주의 경제체제와 긴밀하게 결합하는 길을 걸어왔습니다. 대표적으로는 대학병원 의사가 병원의 경제메커니즘을 벗어날 수 없는 상황을 예로 들 수 있습니다. 대학병원 안에서 매일, 매달의 진료 실적이 수입하고 직결되는 압박이 상당하죠. 또 전문가주의란 기본적으로 전문가적 권위를 중요하게 생각하는 것인데 지금은 이보다도 돈이 우선입니다. 돈을 많이 못 벌면 대학병원의 권력관계 하부로 밀려나요. 이를테면 돈이 안 되는 감염내과는 대학병원 내에서 권위가 상당히 약합니다. 감염내과 의사는 병원장도 못해요.

결국 이 모든 것들도 의료가 경제관계와 긴밀하게 결합해 생긴 현상들입니다. 그러니까 전문가주의도 경제적인 실천이라는 단계를 거쳐서 해석해야 합니다. 여러 훈련을 통해 환자에게 최선의 진료를 제공해야 한다는 것이 겉으로 보기에는 여전히 의사의 명분과 규범으로 남아 있지만 그 경제적인 맥락을 들여다봐야 된다는 겁니다. 과거의 전통적인 전문가주의도 이런 틀을 통해 다시 해석할 수 있습니다.

몇년 전에 아는 분이 갑자기 대학병원 응급실에 입원해서 가 본 적이 있는데 깜짝 놀랐습니다. 왜냐하면 의사고 간호사고 환자 얼굴을 안 보는 거예요. 환자 얼굴은 보지 않고 기계랑 숫자, 그리고 모니터링 결과를 적어놓은 것만 봅니다. 폐에 문제가 생긴 환자였는데, 환자가 복부도 좀 이상하다고 의사한테 말했더니 의사가 "그럼 거기도 CT 찍어드릴까요?"라고 물었다는 겁니다. 어디가 아픈지 묻고 진찰을 하는 게 아니라… 이런 것들은 전통적인 전문가주의와는 전혀 맞지 않은 태도죠. 저는 이게 의료가 철저하게 소외되고 물신화된 반증이라고 봅니다.

백영경 질병의 예방과 진단, 치료의 전과정에서 국가 및 사회와 공동체의 역할을 강조하는 입장인 사회의학에 대해서는 어떻게 생각하시나요?

김창엽 사회의학에 관해서는 비관적입니다. 생의료화가 현재는 정밀의료(precision medicine) 단계까지 왔어요. 예컨대 사람들의 유전자를 분석하면 각자에게 맞는 최적의 약물을 발견할 수 있다는 겁니다. 오바마정부 때 미국에서 대대적으로 추진해서 전세계적으로 주류가 되었죠.

백영경 생의료에서 굉장히 중요한 게 개개인에게 최적화된 의료를 제공한다는 'optimization'이라는 개념이죠. 한국에서는 정밀 의료를 대상환자 하나하나를 위한 맞춤의료라고 생각하는데, 실제 의료의 내용은 개인에 관심을 기울이는 것이 아니라 통계적으로 비교하여 특징을 파악하는 것이더라고요.

김창엽 그렇게 되어가는 과정에서 정밀보건, 영어로는 'precision public health'라는 말이 나왔습니다. 개인이 아니라 집단을 대상으로 하는 것이 보건인데, 유전자정보처럼 개인별 특성을 집단과 사회에 적용하겠다니, 제가 생각하기에는 형용모순이거든요. 그런데 이 분야가 지금 대유행이에요. 미국에 있는 보건대학원에서 이 분야의 교수도 뽑고 연구비도 많이 몰리고 있습니다. 이런 상황을 통해 분명히 알 수 있는 건 집단이나 사회적인 섹터를 대상으로 하는 전통적 개념의 보건이 생의료화를 결코 이기기 어렵겠다는 점입니다. 사람들은 생의료화에 열광하니까요. 자본이 몰리니까 권력도 엄청납니다. 지금 한국정부도 백신 투자, 바이오 혁신을 계속 이야기하고 있죠. 여기에 비하면 집단을 대상으로 사회적 측면을 다루는 보건은 지식권력도, 문화권력도, 상징권력도 없습니다.

그런데 가만히 뜯어보면 생의료화로는 해결되지 않는 문제들이 드러나고 있습니다. 코로나19가 그걸 극적으로 드러냈죠. 정부에서 기껏 내놓은 대책이 집에서 나오지 말고 마스크 쓰고 사회적 거리두기를 하라는 건데 사실 황당무계한 측면이 있습니다. 일반 사람들이 보기에는 백신을 찾는 게 진짜 이렇게 어려운 일인지 의아할 정도예요. 내내 조심하라고만 하니까 이게 무슨 대책인가 싶고, 계속 고비라면서 이번 주말을 잘 넘겨야 한다고 귀가 따갑도록 말하니까 대부분 아마 굉장히 답답할 겁니다. 이 모든 사태가 기존 의료모델의 모순, 예를 들어 백신과 병원 치료만으로 감염병 유행을 예방하거나 억제하지 못한다는 사실을 계속 폭로하고 있는 겁니다. 개인 예방과 사회적 거리두기가 유효한 방법인데, 이것이 바로 보건에 속하는 것들입니다.

그런데 1918년 스페인독감 이후 이런 의미의 보건은 작동한 적이 없다고 봅니다. 그사이에 보건도 철저하게 생의료화되어서 의료모델로 편입된 거죠. 그러다보니 예방의 필요성에 대한 목소리가 터져나오고 있기도 합니다. 실제로 한국의 암 관련 정책은 암 검진이랑 암 진료비 지원이라는 두가지 정책밖에 없다는 비판이 있죠. 그런 맥락에서 암이 발생하면 이미 늦은 것 아니냐, 암 예방정책은 왜 없는 것이냐 하는 불만들이 나오고 있습니다.

백영경 그건 예방으로 돈 벌 사람이 없어서 그런 게 아닐까요?

김창엽 예방정책으로 돈 벌 사람이 없을 뿐 아니라 오히려 돈 되는 경제에 방해가 되기도 하니까요. 예를 들어 환경성 암이 굉장히 많은데, 이를 예방하려면 붉은 고기를 먹지 말아야 하고 미세먼지를 해결해야 합니다. 하지만 이런 조치들이 전부 경제에 타격이 가니까 개인 차원의 조치만 강조하는 거예요. 그래서 저는 궁여지책으로 '사회보건'이라는 표현을 개념화해 내걸고 있습니다. 보건이 본래 사회적인 거라 '사회보건'이라는 말은 '역전앞' 처럼 중복표현이지만 보건이 사회성을 잃어서는 안 된다는 것을 강조하려는 의도죠.

코로나19 시대에 시민사회가 실종되다

백영경 이제 주제를 코로나19에 대한 한국의 대응으로 돌려보도록 하겠습니다. 사실 이제까지 한국 의료의 문제점에 대해서 지적을 해왔습니다만, 그래도 코로나19에 대한 대응을 보면 한국 의료체계가 세계 최고라는 반응까지 나오고 있는데요. 이런 일반적 평가에 동의하시나요?

김창엽 이번 코로나19 사태에 대한 한국의 대처는 아직 끝난 것이 아니지만, 저는 그리 긍정적으로 평가하지 않습니다. 다른 나라가 워낙 못한 것이 많아 상대적으로 돋보이는 점은 있습니다만. 대구에서 전체 확산 규모를 줄인 것은 메르스 방역 경험의 영향이 컸다고 보고요. 메르스 때의 방역 실패 경험 때문에 국가가 개입해서 준비해둔 게 있었던 거죠. 그런데 메르스 때 경험을 못했던 게 감염의 지역화입니다. 코로나19가 전국적으로 확산되면서 각 지역에서 동시다발적으로 서로 다른 양상이 나타났어요. 문제는 이런 상황에서 지역 수준에서 제대로 대응하지 못했다는 점입니다. 더 검증이 필요한 부분이지만 대구에서 아마도 없었어야 할 인명피해가 상당히 있었을 것 같아요. 이런 부분이 우리나라 방역의 결정적인 문제점입니다.

또 코로나19로 인해 기존의 필수의료가 마비된 상황이 많았습니다. 이것도 시장형 의료체계 때문에 생긴 문제점인데요. 생명을 위협하는 질병과 싸우면서 중요한 치료를 받고 있던 환자들이 분명 있었을 텐데 이들을 돌보고 치료할 필수의료시스템이 마비되거나 또는 위축된 문제가 심각합니다. 굉장히 많은 피해자가 있을 거라고 생각하고 있습니다. 결론을 내기는 이르지만, 한림대학교의 김동현 교수가 6월 3일 발표한 자료•에 따르면, 전년 대비 2020년 1분기 초과사망률이 전국적으로 6퍼센트, 서울 6.5퍼센트, 대구 10.6퍼센트, 경북 9.5퍼센트 높아졌다고 해요. 이런 사태를 막는 것 역시 방역에 포함되는 일인데, 코로나19 치료와 그 과정 역시 시장에서 돌아가는 일이라 조정이 되지 않는 거예요. 예를 들어 어떤 지역에 대학병원이 두개가 있으면 위급한 환자가 발생했을 경우 두 병원이 서로 협조를 해야 해요. A병원

• 김동현 「코로나19 2차 대유행에 대비한 방역 대응방안」, '코로나19 2차 대유행 어떻게 대비해야 하나' 정책토론회, 2020년 6월 3일; 「1분기 대구·경북서 900여 명 '초과사망' … 코로나보다 필수의료 공백 피해 더 커」, 『라포르시안』 2020년 6월 4일(https://www.rapportian.com/news/articleView.html?idxno=125672).

에서 B병원으로 환자를 보내야 하는데, 한국에서는 병원이 그 상황을 조율해 진행할 책임이 없기 때문에 '우리는 못하니까 딴 데 찾아보라'며 환자를 내쫓습니다. 그래서 대구에서 투석받던 환자가 아무 병원에서도 안 받아줘서 인천에 가서 투석을 받는 일이 있었죠. 이게 전형적인 시장운영 방식입니다. 각자도생하는 방식이죠. 시스템이 이렇기 때문에 방역에서 문제가 발생하고 필수의료가 유지되지 못하는데, 국가에서는 이런 구조적 문제를 문제시하지 않는 거죠.

백영경 사회의 어느 부분이 필수적인 영역이고 그것을 어떻게 관리해야 하는지를 구분하고 판단하는 데 대단한 안목이 필요한 것 같습니다. 그런 역량은 사회적으로 어떻게 생길 수 있을까요?

김창엽 굉장히 중요한 주제인데, 결국 리더십 문제라고 생각합니다. 문제는 리더십이 중요하다고 해서 저절로 생기는 게 아니라는 점입니다. 돈을 쓴다고 생기는 것도 아니죠. 리더십이 중요하다는 건 저도 동의하지만 지금 당장 내놓을 수 있는 구체적인 답은 없어요. 적어도 말씀드릴 수 있는 건 한국에서는 그 리더십이 빠른 시간 안에 육성되고 확보되기 굉장히 어려울 것 같다는 전망입니다. 가장 큰 이유는 정치적 책무성과 이런 리더십이 잘 연결되지 않기 때문이에요. 미국 뉴욕에서 코로나19 유행이 한창일 때 주지사가 코로나19 사태를 적극적으로 대응하면서 떴다고들 하잖아요.• 한국에서는 이런 일로는 정치적으로 뜨지 못합니다. 정은경 질병관리청장을 좋게 평가하는 의견이 많은데, 리더십 때문이라기보다는 정부에 대한 국민의 신뢰를 형성하는 데 중요한 역할을 한 결과라고 이해합니다. 감염병 관리의 리더십은 훨씬 더 종합적이고 정치적인 수준에서 논의해야 하고, 리더십은 개인적 요소에 따른 것이기보다 사회적 토대가 있어야 한다는 사실을 지적하고 싶습니다. 교육부터 시작해서 사회의 운영원리, 관료체제의 운영원리, 정치, 문화 등의 요소가 다 관련됩니다. 미국은 중·고등학교 때부터 리더로서의 역량을 키우기 위한 교육·훈련·학생활동 등이 마련되어 있지만 한국에서는 리더가 돼야겠다는 의지를 북돋워주는 프로그램이나 리더에 대한 인센티브가 없죠.

백영경 선생님은 계속 시민의 역할을 강조해오셨잖아요. 시민의 리더십이랄까, 시민의 역할에서 희망을 찾을 순 없을까요?

김창엽 궁여지책이겠죠.(웃음) 한국사회가 1980년대 말 이후 시민사회 논의를 30년 이상 해왔고, 그동안 지역운동, 공동체 활동 등의 측면에서 다른 어느 나라와 비교해도 시민사회의 활동이

• 미국에서 2020년 4월 27일부터 5월 4일까지 미국 성인 8086명을 대상으로 진행한 설문조사에 따르면 앤드루 쿠오모(Andrew Cuomo) 뉴욕 주지사는 81퍼센트의 지지율을 얻었다.

부족하다고 할 수는 없는 편인데, 코로나19 사태 안에서는 시민사회가 전혀 작동하지 않았습니다. 사회적 거리두기나 대대적인 휴교, 사업장 및 종교공간 폐쇄 등 각종 문제들이 전부 시민사회도 함께 대응해야 할 과제인데 시민사회는 제대로 작동하지 않았고, 여전히 예전의 자선모델, 구호사업을 크게 벗어나지 못했습니다. 마스크 모자란다고 하면 마스크 모아서 보내는 식이었죠. 개인 차원에서 시민들의 행동과 협조가 큰 역할을 했다고들 하는데, 과거 권위주의 정부 시절의 전체주의적 '동원'모델과 얼마나 다른지 잘 모르겠습니다. 예를 들어 학교에서 휴교나 온라인 수업을 실시할 때 학교 운영에 대해서 교직원이든 학부모든 학생이든 스스로 시민사회를 형성해서 대처방안에 대해 함께 고민하는 목소리가 한마디라도 나왔어야 하지 않을까요? 대학의 민주화를 이야기한 지 얼마나 오래됐습니까. 그런데 대학에서도 온라인 강의나 시험 방식에 대해서 전혀 학생들의 의견을 묻지 않습니다. 우리가 시민참여를 위해 30년 이상 여러 시도를 해왔고 시민사회가 성숙했다는 평가도 해왔는데 도대체 무엇을 축적해온 것인지, 요즘 저의 큰 화두입니다.

문화적인 혹은 심리적인 장벽이 있지 않나 싶기도 합니다. 방역정책에 대해서 자기가 스스로 할 일은 없다고 생각하고, 심지어 연구자들도 자기가 관여할 부분이 아니라고 선을 긋고, '전문가들이 알아서 하겠지' 하는 식의 무관심이 큰 요인인 것 같습니다. 국가와 전문가가 하는 일에 잘 협조하고 세부수칙을 잘 지키

면 된다는 의식을 극복하기는 어려웠겠죠. 이런 심리나 문화가 개인에게 작동하는 것은 이해가 가는데 지역 공동체나 협동조합 같은 곳마저 충분한 역량을 발휘하지 못한 것 같아 아쉽습니다. 분명한 것 한가지는 우리 사회가 지금까지 축적한 민주적 경험 또는 공론장에서의 경험이 굉장히 취약하다는 점입니다. 생활에 깊게 전면적으로 녹아들어 있지 않고 여전히 피상적이라는 느낌이 있어서 이 부분은 앞으로 좀더 연구해볼 생각입니다.

의료라는 커먼즈

백영경 말씀하신 상황을 이해하는 데 '커먼즈'라는 개념이 유효할 것 같습니다. 커먼즈라고 하면 작은 공동체를 떠올리는 경향이 많지만 실제 커먼즈는 국가와 시장을 넘어선 공동의 것이라고 할 수 있습니다. 공공의료를 이야기할 때, '공공'의 한자를 따져보면 영어의 'public'과 달라서 하나는 국가를 의미하는 공(公)이고 다른 하나는 공동체를 의미하는 공(共)입니다. 이 두가지 차원을 아울러서 국가의 지원에서 완전히 벗어나지 않으면서 국가의 자원을 활용하는 동시에 지역에서 공동으로 뭔가를 해나가는 개념으로 저는 커먼즈를 이해하고 있습니다.

의료를 보통 사회구성원 누구나 사용할 수 있도록 허용되어야 하는 공공재(public goods) 혹은 개방재라고 하잖아요. 그런데 이제 의료가 개방재로서만은 관리될 수 없는 수준에 와 있는 것 같습니다. 이를테면 고가의 의료는 모든 사람이 누릴 수 있는 권리로 확립되기 어려운데 그렇다고 국가가 나서서 그걸 제한할 수도 없죠. 결국은 시민들이 의료라는 것을 개방재나 누려야 할 일방적인 권리로 보는 것이 아니라 함께 가꾸는 공동의 자원, 공동의 영역으로 보는 게 필요하겠습니다.

김창엽 저는 커먼즈의 원리나 가치에는 공감하면서도 현실적인 측면에서 커먼즈를 어떻게 실천할 것인지를 더 치밀하게 고민해 봐야 한다고 생각합니다. 최근 '공공의료' '공공' '공공보건' 등의 개념들이 주목받고 있는데 한국에서는 논의가 '공공병원' 하나로 지나치게 집중된 것 같습니다. 공공병원과 보건의료 전반의 공공성, 사회 전체의 공공성은 구분해서 사용하는 게 필요합니다. 물론 서로 밀접한 관련이 있기는 합니다. 예를 들면 지금의 코로나19 사태에서 비정규직 노동이라든지 해고, 실직, 상병수당 같은 사회적 공공성의 문제가 사실 건강이나 의료와 직접적으로 관계가 되죠. 그러니까 비정규직 노동자들은 아파도 일당 때문에 중간에 병원에 못 가거든요. 이건 사회적인 문제이기 때문에 의료접근성 차원으로만 접근하면 안 된다는 겁니다.

백영경 오히려 관료들이 아프면 쉬라는 이야기를 반복하는 것에도 일종의 거부감이 느껴지곤 합니다. 실제로 비정규직 직원이 쉬겠다는 마음의 자세를 갖는다고 될 문제가 아니고, 상병수당 같은 제도가 뒷받침되어야 하는데 그런 논의 없이 권고만 하고 있으니까요.

김창엽 저는 그것이 전형적인 개인화모델, 신자유주의적 정책 체제라고 생각합니다. 즉 정부는 분명히 경고했으니 개인은 지켜야 하고 지시를 따르지 않아서 문제가 생기면 개인의 책임이라는 태도요. 개별 기업과 각 개인에게 끊임없이 금지하고 경고

하고 촉구하는 겁니다. 정부로서는 책임을 회피하는 거죠.

한편으로 공공보건 측면에서 최근의 코로나19 사태가 '위기냐, 기회냐'라는 말도 들려오는데, 저는 이 문장이 너무 상투적인 것 같습니다. 다시 말해 역사적 역동성을 무시하는 물음인 거죠. '뉴노멀'(New Normal) 개념을 둘러싼 분위기와도 비슷합니다. 사람들이 자꾸 뉴노멀이 '될' 거라고 하는데 저는 뉴노멀은 '되는' 게 아니라 '만드는' 거라고 생각하거든요. 지금 우리가 목격하고 있는 것은 뉴노멀이든 올드노멀이든, 노멀을 만들기 위한 격렬한 투쟁입니다. 뉴노멀은 저절로 오거나 벼락같이 내리는 게 아니고 투쟁의 장인데 '된다'라고 하는 순간 그 역동성을 무시해버리는 겁니다.

지금 정부가 K-방역의 성공을 설명하면서 공공의료를 강화하겠다는 말은 한마디도 안 했어요. 정부가 내세우는 K-방역은 3T+1P입니다. 3T는 진단(test), 추적(tracing), 치료(treatment)로, 전부 기술에 대한 거죠. P는 시민참여(participation)인데 겉으로 보기엔 그럴싸하지만 사실 기존의 공공민간 협력모델이에요. 자원봉사 모델을 이어서 민간을 동원하는 모델인데 전혀 민주적인 참여가 아니에요. 올드노멀로 돌아가는 것에 가깝죠. 정부가 K-방역이 성공했다는 것을 자꾸 강조하면서 올드노멀로 돌아가려고 합니다. 그런데 국가 차원에서 이뤄지는 이러한 정책이 지역 사람들의 감각과는 맞지 않습니다. 공공병원이 하나도 없는 광주나 대전은 굉장히 불안해하고 있습니다. 큰 고통을 겪은 대구 사람들하고도 안 맞죠. 국가적으로는 K-방역이 성공했다고 하는데 막상 지역 주민에게는 와닿지 않는 거죠. 우리 지역에서는 엄청난 고통이 있었는데, K-방역이 성공했다는 게 무슨 의미인지, 사람중심의 관점에서 보면 전혀 다른 거예요. 그래서 크게 보면 공공의료, 작게 보면 공공병원의 필요성에 대한 감각이 지역에 생생히 살아 있습니다. K-방역이 성공했다고 규정해도 각 지역별 경험이 다르고, 아마도 일부 지역에서는 공공병원에 대한 요구가 거셀 것이라고 예상합니다.

또 하나 생각해볼 게 있어요. 한국이 코로나19 검사를 신속하게, 대량으로 잘했다고 하는데, 그만큼 우리 사회에 벤처와 기술기반 사업에 대한 지원시스템이 존재했기 때문입니다. 이건 공공성의 측면에서 양면성이 있습니다. 이를테면 일본은 대학에서 한국과 같은 식의 산학협력이나 벤처 창업을 할 수 있는 구조가 존재하지 않는다고 합니다. 그래서 일본에서는 원천기술을 실제 산업에 바로 도입할 수 있는 한국의 환경을 부러워하는 사람들이 있어요. 이건 한국이 일본보다 이른바 '신자유주의 대학체제'가 더 진전되었기 때문이라고 생각합니다. 대학까지 나서서 경쟁적으로 시장원리를 기초로 연구와 개발에 나섰기 때문에요. 양면성이 있다는 것은 국가와 공공부문이 나서서 이런 시장을 만들고 키운 결과가 방역에 도움이 되었다는 뜻입니다. 지금 보건의료 분야의 과학기술 개발에 큰 영향을 미치는 것이 건강보험 재정이에요. 즉 공적 자금이죠. 건강보험 재정이 있으니까 그 돈을 코로나19 검사비와 치료비로 쓸 수 있었습니다. 정부, 민간 병원과 회사 모두 재정적으로는 공공시스템이란 뒷배가 있었던 셈입니다. 즉 이번 코로나19 검사기술 개발의 배경엔 양면성이 있었습니다. 시장을 활용한 점과 동시에 공공시스템이 기능하는 균형이 존재했기 때문에 제대로 돌아갈 수 있었어요.

백영경 그건 정말 커먼즈라고 볼 수 있겠네요. 시장을 배척하지 않으면서도 시장에 완전히 맡기지 않고 국가를 활용하지만 국가에만 모든 것을 의지하지 않는다는 점에서요. 사실 이건 일종의 '공동'이라는 감각이 있어야 제대로 작동합니다. 그 감각을 통해 시장도 제어하고 국가권력도 잘 활용할 수 있어요.

논의를 좀더 넓혀서, 전세계적인 팬데믹 상황에 대해서는 어떻게 생각하시나요? 지금 유럽이 코로나19 사태에 제대로 대응하지 못하고 있는 것이 신자유주의 때문이라고들 이야기하고 있습니다. 모든 걸 신자유주의 때문이라고 설명하는 태도는 경계해야겠지만, 공공의료 붕괴의 원인은 신자유주의라고 말할 수 있을까요?

김창엽 코로나19 또는 의료 문제를 분석할 때 신자유주의를 개념틀로 사용할 수는 있으나 환원주의적으로 모든 원인을 신자유주의 탓이라고 해석하는 건 과학적이지 않고 나태한 분석이라고 생각합니다. 구체적인 정책이나 사건을 해석할 때는 신자유주의가 유용합니다만 국민국가의 정치경제 단위에서 신자유주의라는 분석틀은 너무 둔해지기 십상입니다. 다른 층위에서도 분석의 틀이 있을 수 있다고 봅니다.

현재까지 가장 설득력 있는 틀 중 하나는 정치적 리더십 문제라고 생각합니다. 신자유주의체제와 관련이 있는 분석틀로서는 자원투입 문제를 생각해볼 수 있습니다. 마스크, 호흡기, 중환자실이나 병상 같은 자원 말입니다. 공영의료체제인 유럽의 국가들은 정치체에 관계없이 2008년 이후 10년 이상 재정을 긴축하면서 의료예산을 줄여왔습니다. 그런데 국가가 재정을 책임지고 부담해야 하는 공영의료체제에서 예산을 줄이면 시장체제보다 더 나쁜 일이 벌어질 수도 있어요. 모든 것들을 국가 주도 아래 일사분란하게 줄이기 때문이죠. 그러면 인력, 시설, 장비, 서비스 모두가 나빠질 수밖에 없습니다. 이딸리아, 스페인, 영국이 2008년 금융위기 이후 정부 재정지출을 긴축해온 것은 널리 알려져 있습니다. 결과적으로는 필요한 돈을 써야 하는데 안 쓰니까 비상시에 대한 준비태세가 전혀 안 되어 있었던 겁니다. 미국의 경우 시장체제라는 점에서 유럽과 다르지만 꼭 필요한 데 돈을 안 쓰는 건 똑같습니다. 미국은 긴축이 아니라 시장메커니즘 때문에 중환자실이나 응급 등 필수의료라도 돈이 안 되는 곳에는 돈을 덜 쓴 것이죠. 체제는 다르지만 코로나19 방역에 필요한 자원을 덜 투여하는 과정에 직접적으로 작용한 메커니즘은 유럽이나 미국이나 동일하다고 생각합니다. 보통 사회보험체제라고 이야기하는 프랑스, 독일, 일본은 재정구조로는 공영의료체제와 시장체제 중간쯤 될 텐데, 이유야 무엇이든 꼭 필요한 분야에 투자하지 않으면 방역과 필수의료에 공백이 생긴다는 메커니즘은 결국 같습니다. 한국도 다를 게 없죠. 공공병원을 아무리 많이 지어도 인력이나 재정이 부실하면 아무 소용이 없습니다. 거시적인 구조도 중요하지만, 그 운영을 어떻게 하느냐도 마찬가지로 중요하다는 것이 이번 코로나19 유행에서 얻은 교훈이 아닌가 싶습니다.

마을로 간 의사, 문제도 답도 지역에 있다

백영경 선생님의 요즘 활동을 쭉 지켜보면서 제일 흥미로웠던 게 직접 마을로 가셨던 일입니다. 지역의 필요라든가 공공의 역할, 주민들 스스로의 참여 등을 함께 고민하고 계신 것 같은데요. 직접 마을을 다녀보면서 어떤 것들을 느끼셨나요?

김창엽 지금 주로 이야기하고 있는 공공의료 논의에 한정해서 보면 우선 분권화가 불가피하다는 점입니다. 예를 들면 제주도의 코로나19 상황과 수도권의 코로나19 상황이 굉장히 다르죠. 제주도의 작은 학교와 서울의 2천~3천명 규모의 학교 상황이 완전히 다른데 전국의 모든 학교가 똑같이 휴교하고 교실의 간격

을 똑같이 조정한다는 게 교육부가 할 수 있는 최선이냐는 겁니다. 전국적으로 너무나 다양한 조건이 있는데 서울 관악구와 전남 고흥군에 치매안심센터를 똑같이 짓는다는 게 말이 안 되지 않습니까. 보건이나 의료가 갖는 이런 특성 때문에 반드시 분권화로 갈 수밖에 없다고 봅니다.

물론 분권화의 현실적인 문제들을 몇가지 짚을 수 있습니다. 하나는 의료나 보건의 특성이라고도 볼 수도 있는 건데, 분권화가 최종적으로는 개인에게 귀속되는 경향이 크고 외부자원만으로는 해결되지 않는다는 점입니다. 반드시 개별화된 실천이 있어야 해요. 아무리 분권화를 하고 시스템을 잘 갖춰놔도 본인이 병원을 안 가면 소용없죠. 이것은 민주주의로 보면 자기결정, 스스로에 대한 이해, 자율, 자유 등의 문제와도 관련됩니다. 또 하나는 앞서 말씀드린 대로 국가주의화·집단주의화하거나 공리주의로 흐르기 쉽다는 게 있습니다. 이 부분은 이번 코로나19 사태 때도 벌어졌죠. 대구시민들이 감당해야 할 고통은 무시하고 일단 대구를 록다운했어야 한다는 식의 주장이 대표적인 사례입니다. 지금도 벌어지는 일이고 앞으로 벌어질 일이기도 합니다.

이는 곧 각 개인의 고유한 가치를 어떻게 보존할 것인가 하는 문제와 직결되어 있고 이를 집단과 국가에 다 맡길 수 없기 때문에 민주주의적 실천이 반드시 수반되어야 한다는 결론을 도출할 수 있습니다. 현실적 문제를 푸는 가장 효과적이고 유효한 방법을 찾는 도구주의적 관점에서부터 무엇을 지향할 것인가 하는 가치에 이르기까지, 지금껏 인류가 축적해온 민주주의의 가치가 이 모든 과정에 결합되어야 사람중심의 바람직한 의료가 가능할 수 있습니다. 그런 맥락에서 '민주적 공공성'이 필요하다고 봅니다.

백영경 커먼즈론에서도 국가 주도의 공공성과 구분해서 다양한 자치의 실험을 통해 공공성을 민주적으로 재구성하는 것이 중요하다는 점에서 '자치공공성'을 강조하는데요. 선생님 말씀과 통하는 논의라고 봅니다.

김창엽 민주적 공공성을 기본원리로 보건의료를 재구성하려면 제도나 체제 차원에서는 민주주의적 참여가 필요하죠. 위원회에 시민대표가 포함되는 방식이 아니라 좀더 적극적인 차원의 참여가 필요합니다. 예를 들면 집단감염이 일어났던 구로 콜센터나 물류센터에 노동자들이 참여할 수 있는 권력구조가 마련되어 있었더라면 그런 위험을 피할 수 있지 않았을까요? 이런 차원의 민주적 원리가 작동해야 한다는 이야기입니다.

누구도 예상하기 어렵지만, 혹시라도 지금까지의 유행보다 더 큰 '대유행'이 여러 지역에서 한꺼번에 발생하면 공권력이 개입한 유럽스타일의 록다운이 불가피하다고 생각합니다. 의료기관에 대해서는 스페인이나 아일랜드에서 있었던 임시 국유화 조치가 불가피하고요. 그런데 문제는 록다운을 법률적으로 시행한다고 해도 현재 한국의 민주주의로는 록다운의 효과가 없을 것 같다는 겁니다. 나오지 말라고 하면 사람들이 안 나올까요? 먹고살아야 하는데. 록다운의 효과가 있으려면 상병수당이 제도화되어 있거나 영국처럼 석달 간 임금 80퍼센트를 정부가 보조해주는 대신 노동자를 해고하지 못하게 하는 조치가 있어야죠. 이런 것들은 넓은 의미의 민주주의, 노동의 민주주의가 없으면 불가능한 일입니다. 돈 없다고 기재부가 버티면 방법이 없어요. 이런 맥락에서 작금의 민주주의의 결핍이 현재의 방역에 지장을 준다고 생각합니다. 지역의 조그마한 공동체, 교회, 학교부터 시작해서 체제 수준의 권력관계에 이르기까지 민주적 공공성이라는 개념으로 설명할 수 있는 것이 굉장히 많죠. 제 생각에는 지금도 늦지 않았고 지금부터라도 민주주의를 심화시키는 작업이 필요하다고 봅니다.

백영경 그런 면에서는 지금의 코로나19 국면이 기회라고 생각하실 수 있겠네요.

김창엽 하루아침에 민주적 역량이 생길 순 없으니 국가가 그 기회를 만들어줄 필요가 있다고 생각해요. 예를 들어 시민 중심의 공론화 등을 통해 사람들이 더 다양하게 생각하는 과정을 거쳐야 이런저런 시도를 하고 변화를 실천할 경험치와 역량이 쌓일 수 있죠. 국가권력이 분명 작지만 중요한 계기들을 제공해줄 수 있습니다. 한국에서도 참여모델의 하나로 주민참여예산제• 사업을 하고 있는데, 사실 브라질이 이 모델의 원형이에요. 브라질에서 국가적으로 이 제도를 도입하자 자치의 경험이 거의 없던 지역도 국가사업을 계기로 시민참여가 활성화되고 민주적 시민사회가 발전하게 되었어요. 지방의 역량 확대의 계기를 제도나 국가가 제공한 거죠. 지역 문제를 비롯한 여러 문제상황이 심화되고 있기 때문에 앞으로 이런 계기들이 점점 더 많아질 겁니다. 동시에 우리도 직접 국가권력, 중앙정부를 압박해야 합니다. 지역 문

• 시민참여를 확대함으로써 재정운영의 투명성과 공정성을 높이고, 예산에 대한 시민 통제를 통해 책임성을 고취시키기 위해 도입된 제도다. 지방재정법 개정으로 2011년 9월부터 의무화됐다.

제와 고령사회 문제에 대한 문제의식과 지식만으로도 정치적 압력과 명분이 될 수 있습니다. 일종의 양면전략이 필요한 셈이죠.

백영경 사회 중요사안에 대해서 공론화하는 경험이 한국사회에서 쌓여왔는데 코로나19처럼 중대한 사안에서 시민들의 이야기가 등장하지 않는 게 아쉽다고 앞서 말씀해주셨죠.

김창엽 지금이 민주적 공공성의 사회적 역량이 한 단계 성숙할 수 있는 기회인데, 잘 활용하지 못하고 있는 안타까움이 있죠. 지역별로 구체적인 과제가 제기되고 있는 점, 그리고 감염병에서 공공의 역할과 가치가 두드러진다는 점 등이 가능성이라고 생각합니다. 곳곳에서 공공병원이나 공공보건의료 논의가 자연스럽게 나오고 있는 점만 봐도 그렇죠. 국가가 주도해서 고민해보고 공론장을 형성할 수 있을 텐데 안 하고 있으니 정치가 무능력하다는 생각을 지울 수 없습니다.

백영경 이러한 문제에는 정치 따로, 경제 따로, 방역 따로 인식하는 사고방식이 원인으로 작동하는 것 같습니다. 방역은 오로지 '의료'라고 생각하는 인식이 큰 걸림돌이 되고 있어요.

김창엽 정치, 경제, 방역, 이 모든 게 결합되어 있는데 사람들은 대부분 분리해서 생각하는 경향이 있죠. 콜센터, 물류센터에서 있었던 일들을 통해 사회적 거리두기라는 방역정책이 사회 전반적인 영역과 밀접한 관련이 있음을 직접적으로 경험했음에도 연결해서 생각하지 못하는 게 안타깝습니다.

백영경 그런데 선생님은 왜 갑자기 마을을 직접 돌아다니게 되었나요?

김창엽 글쎄요, 앞서 말씀드렸듯이 '나라 만들기' 시기부터 공공의료 강화, 일차의료, 주치의제도 등 좀더 좋은 보건의료체계를 만들자고 30년 가까이 연구도 하고 제안도 해봤는데, 잘 안 되었으니까요.(웃음) 익숙한 표현으로는 '개혁'의 새로운 전망이라고도 할 수 있을 것 같습니다. 특히 큰 변화는 점점 더 보건의료의 '정치경제'를 깨닫게 된 것이라고 할까요. 고통의 당사자들이 지방에 있고 군에 있고 읍·면·동에 있는데, 권력구조가 완전히 기울어져 있어서 지역에서는 말 한마디 할 수도 없고 본인들도 문제를 잘 모르고 있습니다. 거기다 한국의 정치체제가 지역별 대표성으로 대의제를 실시하고 있는데 지역의 인구가 계속 줄면 지역의 대표성도 점점 더 줄어들겠죠. 국가 수준에서 아무리 이상적인 가치를 내세우고 규범적인 접근을 한들 무엇이 바뀌겠습니까. 현실적인 변화를 이끌어내기 위해서라도 지역에서 힘을 찾아야 한다고 생각합니다.

고령화와 지역 위축이라는, 모든 삶의 기반이 무너지는 절박한 고통과 현실의 문제에 다른 대안이 없기 때문에 이 위기가 새로운 비전을 갖게 하는 상상의 원천이 되리라 확신합니다. 한번은 경북 영양군의 마을모임에 갔는데 농사짓는 사람들은 기후위기를 어떻게 이해하고 있을지 궁금해서 일부러 한번 물어봤어요. 그런데 예전엔 기온이 너무 낮아서 사과 재배가 힘들었는데 이제는 사과농사가 된다는 겁니다. 그러니까 농민들 입장에서는 기후위기가 아니라 기회라고요. 위기를 위기로 인식하지 못하고, 위기에 어떻게 대응할지 생각하지 못하고, 위기를 자신이 스스로 해결해야 할 과제로 이해하지 못하고 있는 거죠. 말하자면 지역은 현실의 경험이 성찰되지 않는 채로 데이터로만 있는 상황입니다.

지역의 공공의료 문제든 기후위기 문제든 지식의 공유, 논의의 공론화, 민주주의적 참여 등을 함께 경험하고 나누고 훈련받는 게 꼭 필요하겠다는 생각이 듭니다. 그래야 지역 주민 스스로가 문제점을 인식하고, 국가에 무엇을 어떻게 요구할지 고민해나갈 수 있겠죠. 공공성을 강화하기 위한 여러 사회적 노력, 지식생산, 사회운동, 시민사회 참여 또는 공동체를 키워가는 과정 등을 혁신하고 다시 살릴 필요가 있습니다. 결국 근본으로 돌아온 거죠. 고령화 문제나 공공의료 문제도 결국 지역에 답이 있고 지역의 힘이 커져야 이런 문제를 헤쳐나갈 수 있습니다.

또 하나 장기적으로 생각해봐야 할 게 있습니다. 도대체 우리가 바라는 게 뭐냐는 겁니다. 흔히 건강이나 생명은 천부인권이고 소중한 거라고 하는데, 그 말이 정말로 의미하는 게 뭘까요? 2017년 WHO가 각 나라의 평균수명을 예측한 결과가 큰 주목을 받았는데, 2030년이 되면 한국인의 기대수명이 남녀 모두 세계 1위가 된다는 내용입니다. 여성은 91세, 남성은 84세까지 산다는 거죠. 모두가 바라던 것 아닌가요? 그런데 시골에 가서 노인들한테 건강 이야기를 하면 지금도 징그러운데 뭘 더 사냐고 손사래를 치세요. 거기서 건강증진, 생명연장 이야기는 안 먹힙니다. 그런데 가만 들어보면 또 금방 죽고 싶어하시는 건 아니더라고요. 그렇다면 우리가 건강이나 의료를 이야기할 때 사회적으로 이루고 싶은 다른 가치가 있는 것이 아닌가, 즉 건강이라는 것도 재정의되어야 한다는 거죠.

그동안 전세계적으로 건강을 정의한 것은 남성주의적 시각이었습니다. 학술적이든 정책적이든 의학지식의 모든 것을 남자들이 주도해왔기 때문에 남성적 시각이죠. 대표적으로 건강을 평균수명과 사망으로 보는 태도를 예로 들 수 있습니다. 남성적 시각으로 보면 아픈 건 사소하고 사망이 중요합니다. 또 앞서 계속 이야기해왔지만 건강을 바라보는 관점은 기본적으로 상당부분 자본주의적 시각입니다. 지금 한국사회에서 건강은 자본주의적 생산성이나 노동과 연관되어 있다고 봅니다. 최근 '아프면 쉰다고 할 수 있는 사회'라는 말이 유명해졌죠? 질병을 치료하고 건강을 회복하는 것이 일, 직장, 노동과 뗄 수 없는 관계에 있는 것입니다. 따지고 보면 교육과 함께 건강을 '인적 자본'이라고 하는 것부터 건강을 경제적 가치로 보는 경향이 주류임을 말하는 것이겠죠. 한국사회의 평균수명이 길어지고 고령인구가 늘고 사회경제 환경이 바뀌는 지금 이 순간, 어떤 건강을 추구하고 있는지 그 실체적 내용을 다시 생각해봐야 합니다. 요즘 건강 대신에 삶의 질이나 웰빙, 웰다잉 같은 이야기가 많이 나오고 있지만 그 정확한 의미를 따져볼 필요가 있고, 앞으로 그런 논의를 더 종합적으로 해봐야겠습니다.

백영경 김창엽 선생님을 모시고 한국 의료의 문제점에서부터 코로나19 이후의 전망에 이르기까지 다양한 주제에 대해 말씀을 나눌 수 있었습니다. 그중에서도 의료의 공공성이라는 것이 무엇이고 우리가 바라는 의료의 모습은 무엇인지에 대해서 심도 있는 이야기를 나누어볼 수 있어서 좋았던 것 같습니다. 의료의 공공성이 단지 공공병원을 짓는 것만으로 성취할 수 있는 것이 아니라 결국 지금 여기를 살아가고 있는 사람들의 고통에 반응하고 해결해나가는 것이라는 생각을 해볼 수 있었습니다. 국가의 의지와 민간의 자치적 실험들이 만나 공공의료라는 공동의 영역을 확장해나가는 과정 속에서 시민들의 건강한 삶이라는 목표에 조금 더 가까이 다가갈 수 있기를 바랍니다.

다른 의료는 가능하다

한국 의료의 커먼즈 찾기

초판 1쇄 발행/2020년 12월 18일
초판 2쇄 발행/2024년 6월 20일

지은이/백영경 백재중 최원영 윤정원 이지은 김창엽
펴낸이/염종선
책임편집/이하림 김가희
조판/박지현
펴낸곳/(주)창비
등록/1986년 8월 5일 제85호
주소/10881 경기도 파주시 회동길 184
전화/031-955-3333
팩시밀리/영업 031-955-3399 편집 031-955-3400
홈페이지/www.changbi.com
전자우편/human@changbi.com

ⓒ 백영경 백재중 최원영 윤정원 이지은 김창엽 2020
ISBN 978-89-364-7849-0 03330

* 이 책 내용의 전부 또는 일부를 재사용하려면
반드시 저작권자와 창비 양측의 동의를 받아야 합니다.

* 책값은 뒤표지에 표시되어 있습니다.